Leef die Oorvloedige Lewe

Michele Michaels

Voorwoord deur
Erin Thiele

Uiteindelikhoop.com

NarrowRoad Publishing House

Leef die Oorvloedige Lewe
Michele Michaels

Uitgegee deur:
Editorial NarrowRoad
POB 830
Ozark, MO 65721 U.S.A.

Die materiaal van Restore Ministeries was geskryf met die uitsluitlike doel om vrouens te bemoedig. Vir meer inligting, besoek ons by:

Uiteindelikhoop.com
EncouragingWomen.org

Tensy andersins aangedui, is meeste van die Bybel verse uit die *AFR83 Vertaling geneem.* Bybel aanhalings gemerk NLV word uit die *Nuwe Lewende Vertaling* geneem, en die Bybel aanhalings wat AFR53 gemerk is, word uit die *1933/53 Afrikaanse vertaling* geneem. Ons bediening is nie partydig aan enige spesifieke weergawe nie, maar is **lief** vir hulle almal, sodat ons in staat is om elke vrou, in enige denominasie, wat bemoediging nodig het, te help, asook diegene wat 'n begeerte het om groter intimiteit met haar Redder te kry.

Omslag Ontwerp deur Tara Thiele

ISBN: 1-931800-79-0
ISBN 13: 978-1-931800-79-2

Inhoudsopgawe

Voorwoord

Die rol en seëninge wat God vir vrouens het, in Sy ontwerp van die vrou, is al jare terug deur die Feministiese Beweging gesteel. Alhoewel die doel was om vrouens dieselfde regte as mans te gee, het dit veroorsaak dat vrouens geen ander keuse het as om enkel moeders te word nie, om dikwels nie net vir hulself te voorsien nie, maar ook vir hulle manlike bywoners. Vrouens het hulself nie van mans vrygemaak nie, soos wat hul gesê het hul wou bereik nie, maar in plaas daarvan, het vrouens 'n obsessie ontwikkel om 'n man te hê, enige man teen enige koste. Dit is egter nie 'n verrassing dat die Bybel profeet gesê het tye soos dié, sou kom nie. Jesaja 4.1 NLV sê, "Daardie dag sal min mans nog lewe. Sewe vroue sal met mekaar oor een man baklei en sê: 'Laat ons almal met hom trou! Ons sal ons eie kos en klere verskaf. Gee ons net jou naam sodat hulle ons nie as kinderloses uitkryt nie!'"

Dit is vrouens soos *Michele, wat geroep is om die weg te baan vir vrouens wie hulself binnekort alleen gaan bevind, sonder 'n man, of kinders, of 'n gesin. In hierdie reeks, wat uit vyf boeke bestaan, neem Michele ons saam met haar op haar reis, 'n reis wat haar nie gelei het om dit wat sy verloor het terug te kry nie, maar 'n reis waarop sy 'n verhouding so sterk, so vervullend en so vol vrede gevind het, dat sy 'n inspirasie vir ons almal is

Baie van wat ek in hierdie boek gelees het, toe dit eers net beskikbaar was vir die vrouens in haar kerk, het ek gebruik om die vrouens in my eie bediening te help. Elkeen van ons moet die ongesproke waarhede, wysheid en vryheid bymekaarmaak wat Michelle ervaar en gedeel het in hierdie dinamiese boek vir vrouens.

Ek is geëerd om Michele my vriendin te noem en deur dit wat sy, met deursigtigheid, met ons in hierdie boek deel, sal elkeen van ons ontdek hoe ons kan uitstyg bo elke situasie wat Hy ons roep om deur te gaan

Erin Thiele
Restore Ministries International

——— Hoofstuk 1 ———

Kan *dit* Sy Plan Wees?

Hy is die Rots, sy werk is volmaak,
alles wat Hy doen, is regverdig.
Hy is die getroue God, sonder onreg,
Hy is regverdig en betroubaar.
—Deuteronomium 32:4

Daar was geen twyfel dat God my sou laat skryf oor die laaste paar weke van my lewe nie. Alhoewel onmeetbaar moeilik en terwyl ek diep in die middel daarvan is, moet ek sê dit was opwindend. Net 'n week terug, sou ek nie my beproewings beskryf het as "opwindend" nie, maar weereens, het God my in die hande gekry (op my versoek) en weereens, is ek verander (deur my Hemelse Man en Sy perfekte liefde teenoor my).

Ek is op hierdie oomblik op 'n klein skroefvliegtuig op pad na Miami; dit is my tweede vlug met nog dertien om te gaan voordat ek oor meer as 'n maand weer by die huis sal aankom. Ek sien daarna uit om RMI-lede te ontmoet sodra ek in Miami aankom; en om te sien wat Hy beplan het. Dit gaan opwindend wees. Die opwinding het toegeneem omdat 'n ander lugdiens wat my môre na Brasilië sou bring, pas bankrotskap verklaar het, so my vlug was gekanselleer.

Nie te veel moeite vir God nie, maar dit verg wel om by Hom in te skakel; om die geloof wat ek nodig het te verseker sodat ek nie, in plaas daarvan,   eerder na 'n toestand van paniek draai as om opgewonde te bly oor wat voorlê nie.

Dit is alles as gevolg van God wat my verander het. God het my verander deur my so uit te rek dat ek vir Hom gesê het dat ek op die punt staan om te breek. Hy het vir my gesê ek sou nie, so ek het opgehou om bekommerd te wees. In plaas daarvan om my te bevry, Hy het my eenvoudig daaraan herinner dat dit alles nodig was om gereed te wees vir wat Hy vir my vorentoe beplan het. Ek weet dit is groot, Hy het vir my gesê, maar die besonderhede is nog soos 'n droom, 'n verspotte droom, wat niemand sal glo nie—nie eers ek nie—en ek glo daar sal regtig mal, maar tog wonderlike dinge wees voordat wat ook al Hy vir my beplan het, gaan gebeur.

"Die Here het geantwoord: Kyk na die ander nasies: julle sal verstom staan oor wat julle sien. Ek gaan nog tydens julle lewe iets doen wat julle nie sal glo as dit vir julle vertel word nie" (Habakuk 1:5).

God teenoor Jesus

Mag ek iets hier tussenbeide bring? Meeste Christene glo dat jy kan wissel tussen God en Jesus, Vader en Man, omdat dit eenvoudig "name" is van dieselfde Persoon. Ek hoop dat jy weet dat ek nie daaroor besorg is om oor geloofsoortuigings of leerstellings te debatteer nie, my doel is om eenvoudig elke vrou te help om alles te ontvang wat haar geweier is. So die waarheid is dit, as jy 'n man nodig het, Jesus wil jou man wees meer as enigiets anders. Praat eenvoudig met Hom soos wat jy met die wonderlikste-verlief-op-jou Man van jou drome sal praat. As jy ook 'n Vader nodig het, miskien omdat jy nooit 'n vader gehad het nie, of nie 'n goeie vader nie, of 'n vader wat jou verlaat het (hy het jou verlaat, afgeskeep, of is selfs oorlede), praat dan met God, die Vader op daardie manier. Met hierdie begrip, toe ek gevoel het ek word uitgerek, het ek geweet dit was my Vader, God, wat besig was om die rek werk te doen. My man is nie so nie, veral omdat ons op 'n ewige wittebrood is.

As jy twyfel of dit waar is, probeer dit dan net. Begin om te besef daar is baie meer aan Wie vir jou omgee as wat daar vir jou vertel is. Dit is nie net Een Persoon nie en daar is bewyse dwarsdeur die Bybel. Hier is een, in hierdie vers het God gesê: "Toe het God gesê: 'Kom ons maak die mens as ons verteenwoordiger, ons beeld…'" Genesis 1:26. Die Here het ook iets gesê in Jesaja 6:8, "Toe het ek die Here hoor vra: 'Wie kan Ek stuur? Wie sal **Ons** boodskapper wees?'" Verwysings na ONS is dwarsdeur die Bybel en as gevolg van 'n gebrek aan begrip, het die kerk verplig gevoel om te interpreteer wat hulle die Drie-eenheid genoem het, die verskillende denominasies het oor eeue heen sterk menings oor die onderwerp uitgespreek.

Ongelukkig, was die meeste onakkuraat, as gevolg van die feit dat jy eenvoudig nie iets kan verduidelik wat so kragtig is nie, en veral omdat dit onmoontlik is om te doen as jy dit nie eers ervaar het nie, want dit is 'n verhouding wat hulle probeer verduidelik. Dit is soos 'n vrou wat probeer verduidelik hoe dit voel om 'n moeder te wees as sy nog nooit 'n moeder was nie. Jy kan nie verduidelik hoe jy gaan verander nie, nie totdat jy moederskap ervaar het nie. Hoe kan jy dit verduidelik? En wanneer jy probeer verduidelik, is dit onmoontlik, want dit kan nie verstaan of begryp word deur ons vertand nie. Dit kan slegs ervaar word deur die hart. So ook, deur God se Seun te ervaar as jou Man, en ook God as 'n Vader wie jou lief genoeg gehad het om vir jou Sy Seun te gee, en daarom ook lief genoeg vir jou is om jou te help om te verander en om jou te help om voort te gaan om te groei deur jou uit te rek. So nou het ek my sê gesê, laat ons terugkeer na wat ek besig was om met jou te deel...

Daar is geen twyfel dat dit wat vir my voorlê, my lewe sal verander en almal rondom my, maar hierdie hoofstuk, liewe bruid, gaan nie oor my nie, dit gaan oor jou. God wil *jou* lewe ook verander, maar om dit te doen moet Hy jou rek, en die enigste manier om dit te doen is deur ongelooflike beproewings in jou lewe te bring om in staat te wees om jou geloof en vertroue in Hom te rek. Dit is net God se manier. Dit is eers wanneer hierdie beginsel verstaan word, wat beteken jy omhels dit, dat jy op die punt sal kom wat jy opgewonde is oor wat na jou gegooi word, want jy sal dan in staat wees om te ontvang wat Hy vir jou wil gee, die manier wat Hy gee. Maar ons kan dit nie verstaan as ons nie gewillig is om *saam* met en *deur* hierdie beginsel te werk nie, in plaas daarvan om teen dit te baklei.

Sonder om dit te besef, is die kerk laat glo (myself ingesluit) dat enigiets wat met ons gebeur het, of met ons gebeur, wat nie 'n *ooglopende* seën was of is nie, was/is 'n aanval **deur die vyand** waarteen ons moet baklei. Tog, wat ek uitgevind het deur baie, baie beproewings, verdrukking en krisisse, was dat meeste van hierdie "aanvalle" eenvoudig God se manier is om my op die pad te lei en om my te help om te rek om my te seën, en dat ek teen God baklei het en dit was glad nie die vyand nie. Ja, ek weet en glo daar *is* 'n teenstander, die Bybel sê dit vir ons, maar ek dink dat hierdie klein mannetjie hopeloos te veel aandag kry wanneer hy regtig magteloos is in die lewe van die gelowige wie uitverkoop is aan Jesus.

Laat ek vir jou 'n voorbeeld hiervan gee. Vroeër hierdie jaar, terwyl ek op pad was Europa toe, het ek my verbindingsvlug verpas (omdat my vliegtuig te laat geland het), ek het myself op 'n baie klein skroefvliegtuig bevind (God het so 'n sin vir humor en is vasbeslote om die juk van my afkeer van vlieg te breek, maak nie saak wat dit verg nie). Dit was nie, soos dit blyk, die vyand wat my geblokkeer het van my toespraak afspraak in Genève, Switserland nie. Dit was eintlik God wat my gelei het sodat ek nie net met 'n klein groepie vrouens sou praat nie (my keuse), maar deur my verbindingsvlug te mis en my te forseer om 'n skroefvliegtuig *deur* die Alpe te neem, eerder as om eenvoudig *oor* die manjifieke berge te vlieg—sou ek weet dat dit Hy was wat wou gehad het dat ek met die hele kerk praat (Sy plan), wat mans ingesluit het (met wie ek *nie* wou praat nie).

"Soos die hemel **hoër** is as die aarde, so is my **optrede verhewe** bo julle **optrede** en my gedagtes bo julle gedagtes" (Jesaja 55:9).

Alhoewel ek die vers hierbo vorentoe en agtertoe ken, is ek steeds verbaas hoe elke keer as ek dit lees en daaroor peins, die krag van die boodskap meer werklik word soos wat ek elke dag deur geloof lewe. Ons gedagtes en planne is so minderwaardig en so ver onder die planne wat God vir ons het. Dit is hoekom my gebedslewe heeltemal verander het, omdat ek uiteindelik weet dat vir my om te stipuleer wat ek wil hê ('n gedetailleerde lys maak), kompliseer net my lewe. In plaas daarvan is my begeerte om eenvoudig Sy plan vir my lewe uit te leef. Ek het nie meer die begeerte om deel van Sy beplanning vergadering te wees nie. So in plaas van bid, geniet ek dit om eenvoudig met my Man te praat: ek vertel Hom hoe ek voel en probeer om te onthou om in stilte te sit want dikwels het Hy ook iets wat Hy vir my wil vertel. Maar ek is nie meer gretig om vir Hom te vertel (of erger, Hom smeek) wat ek nodig het of wil hê nie, want ek het alles wat ek wil hê en nodig het in Hom.

Terselfdertyd moet ek ook verduidelik wat gebeur sodra jy kies om Hom op hierdie vlak te vertrou, dit gaan lyk asof niks meer *eenvoudig* en/of *perfek* uitwerk nie. Sodra jy net toelaat dat God God is en toelaat dat Sy wil geskied, lyk dit onvermydelik asof jy Hom heeltemal gemis het. Dit is vir my onmoontlik om die aantal kere te tel wat ek myself gedurende die afgelope paar weke gevra het, "Kan *dit* Sy plan wees?"

Byvoorbeeld, die oggend toe ek vertrek het vir my wêreldwye toer, het ek by die bank gestop om kontant te trek soos wat ek normaalweg doen. Meeste mense sal jou vertel dat dit gevaarlik is om kontant aan jou te dra (en veral wanneer jy reis waarna ek op pad is), maar dit maak geen verskil aan my nie. Ek sal eerder gevaarlik leef in die fisiese wêreld as om gevaarlik in die geestelike ryk te lewe, dit is wanneer ons veiligheid kies, gemak of wat ons eerder sal wil doen as om te doen wat God vir ons sê om te doen. Die interessante ding is dat deur hierdie eenvoudige bedrag geld te trek, het dit omtrent al my bankrekenings skoongemaak. Interessant. Sou dit nie beteken dat dit nie Sy plan was nie? Sou Sy plan my en my gesin in 'n benarde posisie plaas?

Nog 'n voorbeeld was net vyf dae voor ek vertrek het, ek het nie net opgemerk dat ek binnekort nie meer geld in al my rekeninge sou gehad het nie, maar ek het nie my om-die-wêreld kaartjies gehad nie, ek het ook nie my paspoort of my visum vir Afrika gehad nie—die lys was eindeloos. Daardie Maandag oggend, toe ek hierdie onheilspellende lys in my kop gemaak het, kon ek voel hoe die negatiewe emosies probeer oor vat. So toe sê ek vir die Here, "Liefling, ek het regtig nou meer van Jou nodig." Onthou, ons hoef nie te smeek of te soebat of te vra vir enige "iets" spesifiek nie, in plaas daarvan het ek geweet wat ek nodig gehad het (en wat jy altyd nodig het) en dit was meer van Hom. Nietemin, maak nie saak hoeveel keer ek dit gesê het nie, die emosies het my bly oorweldig. Dit is toe dat ek besef dat daar geen perfekte "formule" is nie en wat Hy my gelei het om te doen was om eenvoudig te vra wat ek volgende moet doen om meer vreedsaam te voel. Dit was toe dat Hy my na my dek gelei het, koffie in die hand, en geen Bybel—sodat Hy net met my kon praat.

Nadat ek gaan sit het, het Hy vir my gesê om te dink aan die "slegste geval" en dit was dat sonder reis dokumente en geld, ek net eenvoudig nie kon gaan nie; onmiddelik het my "slegste geval" my *beste geval* geword! Ek sou met graagte al die tyd en geld verbeur wat ek in hierdie reis belê het net om by die huis te bly saam met my kinders. Tog, hierdie moontlikheid het net 24 uur geduur. Later daardie dag terwyl ek gery het, het daardie stil, klein stemmetjie van die Here (wat ek geleer ken het en lief gekry het) vir my gesê, "Jy weet jy *gaan*." Alhoewel ek dit haat om te erken, het trane het in my oë opgedam want ek wou nie gaan nie. Alhoewel ek nie reageer het soos wat ek wou nie, was Hy net so lief vir my. Weet jy dit? Die Here is nie teleurgesteld in jou nie, Hy is nie kwaad vir jou nie, Hy gaan jou nie straf nie—Hy het jou meer lief as wat jy ooit sou kon weet.

Binne 'n kwessie van net 72 uur, het alle onmoontlikhede moontlik geword omdat dit Sy wil en Sy plan vir my was om te gaan, en dit was deur my uit te rek dat Hy in staat was om my net 'n bietjie meer te leer oor om op Hom te vertrou. My kaartjies het gekom, my visum vir Kenia het in die pos gekom en my paspoort het net betyds gekom. Elke onmoontlikheid op my lys was volbring omdat Hy God is.

"Ek is die HERE die God van al die mense. Is iets vir My onmoontlik?" (Jeremia 32:27).

Die Komplot Verdik en Ek Glimlag Nog Steeds

Vandag is Maandag, my derde dag op toer en ek loop deur die strate van Miami terwyl ek 100 pond (46 kg) se bagasie sleep (aangesien ek RMI boeke dra), terwyl die vliegtuig waarop ek bespreek was (op hierdie oomblik) oor Venezuela vlieg. Die lugredery wat ek vroeër genoem het, wat my Brasilië toe moes neem, het sonder my vertrek, want terwyl ek probeer het om my op 'n ander lugredery te bespreek (onthou, die een wat ek op was, het bankrotskap verklaar), het die kaartjie agent my gevra vir my Brasiliaanse visum. Dit is interessant dat ek nie een gehad het nie; ek het nie eers geweet dat ek een nodig gehad het nie. Ek het dus met die Here gepraat oor wat ek verder moes doen en Hy het vir my gewys dat ek koffie en 'n paar oliebolle moes gaan kry. Is jy nie lief vir hierdie Man van ons nie?!?! By die kafee, het ek die tafel met 'n reisende nood verpleegster gedeel wie gretig was om van Jesus te hoor, my nuwe Man.

Ons het vir 'n volle twee ure gepraat, wat ek bekommerd was om te doen, maar onthou, ek het my lys van "slegste gevalle" opgestel en dit kan beteken dat ek net 'n kort reis na Miami onderneem het en van Suid-Amerika, Afrika en Europa kon vergeet, hoe wonderlik sou dit nie wees nie!

Wat ek nie geweet het nie is dat Hy my gelei het om te wag omdat die Brasiliaanse konsulaat se kantoor nog nie oop was nie. Toe ek die lughawe verlaat het, het die situasie 'n bietjie dol geraak want dit het beteken dat ek net veertig minute gehad het om by die kantoor uit te kom, die papierwerk in te vul en my aansoek in te dien. Op daardie stadium het ek nie geweet dat dit ten minste 'n week sou neem om goedgekeur te word nie, maar gelukkig het Hy my in die duister gehou oor hierdie feit. So, nadat ek 'n taxi geroep het, is ek middestad toe ('n dertig minute rit) terwyl my RMI gasvrou poskantoor toe gegaan het om 'n poswissel vir honderd dollar te kry aangesien hulle gesê het hulle aanvaar nie kontant nie.

Alhoewel ek vyf minute voor die kantoor sou toemaak, daar aangekom het, was my gasvrou (terwyl sy op pad was) uitgeroep na, kan jy glo, nog 'n noodgeval? En geen poswissel het beteken geen visum. Kon dit God se plan wees? Ek het net een dag gehad om die V.S.A. te verlaat en na Brasilië te gaan, anders sou ek my vlug na Johannesburg, Suid Afrika verpas. Met elke opposisie wat teen my gekom het, het God 'n weg gemaak waar daar nie 'n weg was nie—my visum, was vir my gesê, sou die volgende dag tussen twaalfuur en eenuur gereed wees. Nietemin, soos ek gesê het, was die lugredery bankrot en die besprekingslyn ontkoppel. Tog, ek het geweet dat as God wou gehad het ek moes in Brasilië kom en aanhou reis, Hy 'n weg sou maak—maar, weereens, wie sou nie vra nie, kan dit God se plan wees? En ek moes myself vra, "Is dit nie moontlik dat ek God gemis het nie?"

Dit beteken dus dat dit tyd is vir 'n Woord versterker:

"Ek, die Here, **deurgrond** en toets **hart** en verstand, en laat die mens kry wat hy verdien, wat hom toekom vir wat hy doen" (Jeremia 17:10).

"Die Here het sy oë oral op die aarde sodat Hy dié kan help wat met hulle **hele hart** op Hom vertrou" (2 Kronieke 16:9).

So, nee, dit beteken, nee, jy het God nie gemis nie en nog minder het ek! Wanneer dinge nie perfek in plek val nie, beteken dit nie dat ons God gemis het nie, of dat Hy ons verlaat het nie. Dit beteken eenvoudig dat Hy ons na 'n hoër vlak van geloof en vertroue in Hom bring. Onthou . . ."Om te **glo,** is om seker te wees van die dinge wat ons **hoop**, om oortuig te wees van die *dinge wat ons nie sien* nie" (Hebreërs 11:1). "Want ons lewe deur geloof, nie deur sien nie . . ." (2 Korintiërs 5:7).

"Ek sê hierdie dinge vir julle sodat julle in My rus en vrede kan vind. In die wêreld *sal* **julle swaarkry beleef**, maar skep moed: Ek het die wêreld reeds *oorwin*" (Johannes 16:33NLV).

Die punt is dit, of ek nou Suid Amerika, Suid Afrika, Kenia of die Nederlande bereik op hierdie toer is nie die punt nie. Die punt is dat ek Hom lief genoeg gehad het om my tasse te pak, my kinders vir vyf weke te los en te gaan. Dit is al wat Hy van my en jou vra.

• Sal jy gaan wanneer Hy lei?

• Sal jy Hom genoeg vertrou om uit jou skoongemaak te kom en gewillig wees om daardie stil, klein stemmetjie te hoor selfs wanneer dit lyk asof jy op die verkeerde pad in eenrigtingstraat is?

Ek is—wat van jou?

So, wat van al die mense wat jy ken wat jou sal bespot en belaglik maak omdat jy so leef? Wel, dit gebeur wanneer jy op God vertrou, reg? Kyk net na Nehemia wat probeer het om die tempel te herbou in Nehemia 4.

Ons hoef net te kyk na Wie altyd die laaste hoofstuk skryf om te weet dat Hy belowe dat ons nie beskaamd sal word nie. Op die ou einde, sal die nederiges (dié wat op Hom vertrou en gewillig is om 'n dwaas te wees vir Hom) opgehef word. Alhoewel, in die middel, sal *ander* jou uitjou en spot en vir jou skree, "Waar is jou God nou?" Tog weet ons Hy sal uiteindelik opdaag; tog, somtyds *is H*y laat. O, jammer skud dit jou bootjie?

Ek weet dat ek en jy al gehoor het dat God *nooit* laat is nie, maar dit is net nie waar nie. Onthou, Jesus was opsetlik laat toe Sy goeie vriend Lasarus siek was. Hy het Sy goeie vriend eintlik doelbewus laat sterf. Dit is omdat God daarvan hou om die laaste hoofstuk te skryf—die soort hoofstuk wat ons wil laat op en af spring en lof uitskree! In plaas daarvan om net 'n siek persoon te genees, neem Jesus die wonderwerk nog verder en wek Sy vriend op, die een wat in grafdoeke toegevou is—Hy het Lasarus uit die dood opgewek!

Is dit hoe jy nou voel, dood? Is jou wonderwerk, jou belofte, jou visie, jou om-die-wêreld toer, dood...is dit dood in die graf? Ja, dit mag sekerlik dood lyk, miskien is jy seker dit IS dood, maar— dieselfde wek-uit-die-dood krag wat Lasarus opgewek het, wat Jesus opgewek het, werk nog steeds vandag. God is lief daarvoor om die oormag teen ons op te stapel, ons teen die Rooi See te druk met ons vyande kort op ons hakke en ook om seker te maak dat al die spotters bymekaar is sodat almal, almal, sal weet dat Hy God is—die Skepper van die aarde. Tyd en omstandighede is in Sy hand. So wanneer dit nie sin maak nie, moet ons net onthou dat Sy weë ver bokant ons weë is, en net sodra jy dink jy het God uitgepluis, sal Hy jou wys dat daar baie meer aan Hom is as wat jy geweet het.

Daar is meer liefde, meer medelye, meer vergifnis, en nog baie meer wat Hy vir jou in die vooruitsig stel terwyl jy jou reis geniet op hierdie oorvloedige lewe wat begin sodra jy jou lewe aan Hom oorgee en instem om saam Hom te gaan in geloof.

Ja, ek raai, dit IS Sy plan.

.

——— Hoofstuk 2 ———

Gee is die Geheim

Gee, en vir julle sal gegee word:
'n goeie maat, ingestamp, geskud en propvol,
sal hulle in julle hande gee.
Met die maat waarmee julle meet,
sal ook vir julle gemeet word.
—Lukas 6:38

Vanoggend, soos wat ek elke oggend doen vandat ek my oorvloedige leef, was ek opgewonde om die nuwe openbaring te ontdek wat die Here my sou wys. So met my Bybel en koffie in die hand, het verwagting deur my gevloei tot op die punt waar ek nie vir Hom kon wag om 'n nuwe, verborge geheim met my te deel nie, net soos wat dit in Jesaja 48:6 sê Hy gaan doen, "Van nou af laat Ek julle nuwe dinge hoor, dinge wat verborge was, waarvan julle niks geweet het nie."

Met 'n hart wat wild klop, het ek my Bybel oopgemaak en vir die Here gevra waar en by watter vers wou Hy gehad het ek moes oopmaak. Hy het my begin lei deur 'n reeks verse wat nie net vir my is nic, maar vir elkeen van julle wat smag en wil weet wat is die geheim na oorvloed. Nie verbasend nie, is die geheim—**gee**.

"Verder sê Hy: ''n Dag sal kom wanneer die graan en die druiwe vinniger sal groei as wat hulle kan oes. Die sap sal afdrup van die wingerde teen die berghange, dit sal teen dic skuinstes afvloei. Ek sal my volk Israel uit ballingskap laat terugkom. Hulle sal die verwoeste dorpe weer opbou en bewoon. Hulle sal wingerde plant en die wyn daarvan drink. Hulle sal boorde aanplant en die vrugte daarvan eet.' Die Here hulle God sê: 'Ek sal hulle in hulle land hervestig. Ek sal nooit weer toelaat dat iemand hulle wegneem uit die land wat Ek vir hulle gegee het nie.'" (Amos 9:13-15NLV).

Volgende het die Here my gelei na, "Die HERE het toe vir my gesê: 'Skryf wat Ek aan jou gaan openbaar duidelik op kleitablette sodat die mense dit sommer in die verbygaan kan lees. Die openbaring geld vir 'n bepaalde tyd; dit sal gou kom want dit kom beslis. Jy moet net geduldig bly wag as dit nie gou kom nie, want dit kom beslis, dit sal nie uitbly nie'" (Habakuk 2:2-3). So met my rekenaar oop, het ek begin om te dokumenteer, om hierdie waarhede op te teken en in te skryf, wetende dat wat Hy my vertel en in die vooruitsig gestel het, beslis sal kom soos dit gesê word. Toe het ek aangehou lees...

"Kyk na die ander nasies: julle sal verstom staan oor wat julle sien. Ek gaan nog tydens julle lewe iets doen —**wat julle nie sal glo as dit vir julle vertel word nie**" (Habakuk 1:5).

Nadat ek 'n paar verse oorgeslaan het, het Hy my die volgende laat lees: "Al sou die vyeboom nie bot nie en daar geen druiwe aan die wingerde wees nie, al sou die olyfoes misluk en die lande geen oes lewer nie, al sou daar geen kleinvee in die kampe meer wees nie en die beeskrale sonder beeste wees, nogtans sal ek in die HERE jubel, sal ek juig in God my Redder. Die Here my GOD gee vir my krag. Hy maak my voete soos dié van 'n ribbok, op hoë plekke laat Hy my veilig loop" (Habakuk 3:17-19).

Wat die Here vir jou in hierdie vers sê, dié van julle wat 'n hart het vir gee, en wat Hy ook vir my gesê het, is dat ons op die drumpel staan van ongelooflike dinge wat in ons lewens gaan gebeur! Soos wat Hy dit daardie oggend gestel het, Hy het gesê, "Julle sal dit nie glo as dit vir julle vertel word nie"! En Hy eindig deur te sê dat selfs al sien ons nou niks nie, deur geloof, moet ons voort gaan om Hom te loof.

So, noudat ek die openbaring neergeskryf het, is dit tyd vir ons om hierdie wonderlike openbaring verder te verken, sodat ons hierdie waarheid ten volle kan begryp om sodoende in 'n konstante staat van lof te bly!

Dit is so maklik vir my om hierdie beloftes te glo wat die Here vanoggend aan my onthul het, want soos wat ek terugkyk na waar ek 'n jaar gelede was in vergelyking met my lewe *nou*, is dit nie so moeilik om die onmoontlikheid daarvan regtig te sien gebeur nie. Byvoorbeeld, voordat ek die oorvloedige lewe gevind het, het ek dit nie baie buite my huis gewaag nie, ek het eerder meestal in my eie kamer gebly waar ek gewerk het en het dit nie eers ondertoe gewaag nie. Ondertoe na ons gesinskamer, of die seuns se slaapkamers en ook waar my man se kantoor eens geleë was. Dit was 'n jaar gelede.

Vanoggend sal ek ondertoe gaan na *my* nuwe kantoor toe, terwyl ek begin met die beplanning van my tweede reis deur die wêreld— plekke besoek waaroor ek al gelees het, maar nie eers geweet het waar dit op die kaart was nie—en selfs lande besoek wat ek nie geweet het bestaan nie. Verlede jaar, as die Here vir my vertel het dat dit alles sou gebeur oor 'n tydperk van net een jaar, "sou ek dit nie geglo het as dit vir my vertel was nie"!

Wat ook al hierdie jaar gaan gebeur, gaan ook lewensveranderend wees; nie net in my lewe nie, maar ook in my kinders se lewens, my bediening se toekoms, elke lewe van die vrouens wat my lewe aanraak, en jou lewe ook (dit is hoekom Hy jou gelei het om hierdie boek te lees). As gevolg hiervan, sal dit wat in jou lewe gaan gebeur ook elke lewe raak wat jou lewe aanraak. Jy sien, dit is die punt: God raak ons lewens aan om ons in staat te stel om ander se lewens aan te raak en veroorsaak daardie rimpel om Sy liefde en Sy waarheid te versprei na ontelbare seergemaakte siele wie Hom desperaat nodig het. Dit, liewe vriendin, is 'n openbaring wat jy moet aangryp en diep in jou hart wegsteek: **God *gee* aan ons sodat ons aan ander kan *gee*—dit is die geheim om oorvloedig te leef**.

Op dieselfde manier en in dieselfde mate as wat Hy vir ons Sy Seun *gegee* het, wie nou ons beminde Man is, wat ons so liefgehad het om ons harte te genees, ons skoon en gekoester te laat voel en dat ons niks of niemand nodig het behalwe Hom nie, het ander Hom ook desperaat nodig. So dit beteken ons kan Hom of Sy liefde vir ons nie vir onsself hou nie, maar ons moet die geskenk van Sy Seun *gee*, Hom met ander deel. Hy wil vir elke vrou wat ons ontmoet, dieselfde Minnaar, Geneser, Voorsiener en Beskermer wees, wat sal gebeur— sodra ons lewens so helder skyn dat almal wat ons ontmoet *vra* oor die glansende hoop binne ons!

Dit is hoekom dit belangrik is om voorberei te wees vir hoe jy sal antwoord *wanneer* ander **vra**, soos wat dit sê ons moet doen in Een Petrus 3:15 Afr 83 Vertaling, "Wees altyd gereed om 'n antwoord te gee aan elkeen wat van julle 'n verduideliking eis oor die hoop wat in julle lewe. Maar doen dit met beskeidenheid en met eerbied vir God." Die Boodskap vertaling sê dit op hierdie manier, "As iemand jou uitvra oor die dinge wat God julle beloof het en waarna julle so uitsien, gryp die kans aan. Vertel hulle daarvan. Doen dit mooi, met eerbied vir God." Jy moet respekteer dat nie almal gereed is om Hom te ken nie, so jou doel is om eenvoudig *jou* hoop te deel en wat *jou* verander het, maar maak seker jy wag totdat jy gevra word. Ook, met 'n hart wat nie probeer om enigiets op enigiemand te forseer nie, veral vroue sal jou glinsterende liefde vir hulle en ander aanskou tot op die punt wat elkeen natuurlik aangetrokke sal wees om te wil ervaar wat jy het, en wat jy besit in Hom.

Liewe vriend/vriendin, elke keer wat God geheimenisse aan ons openbaar, soos om aan ons te openbaar dat ons 'n Man het wie ons so liefhet soos Hy, is dit sodat ons hierdie geheimenisse en waarheid aan ander kan openbaar, deur op so manier te leef dat ons lewens boekdele spreek en dan vir hulle die waarheid te gee wanneer hulle vra. "Julle is self ons aanbevelingsbrief, geskryf op ons harte, vir almal om te lees en te verstaan" (2 Korintiërs 3:2). Dit is die korrekte en ware vorm van "getuig"—dis deur ander wat ons lewens *aanskou*, nie deur ander te konfronteer nie. Ons Man oorlaai ons met seëninge en liefde sodat ons op ons beurt Sy liefde kan uitstraal en ander met

Sy seën en Sy liefde oorlaai. Dit is die geheim—gee wat Hy vir ons gegee het.

Seëninge Sal Jou Verbysteek

Om terug te keer na die eerste vers waar die Here vir my gesê het "Verder sê Hy: ''n Dag sal kom wanneer die graan en die druiwe *vinniger* sal groei as wat hulle kan oes. Die sap sal afdrup van die wingerde teen die berghange. . ." dit is ook iets wat amper elke dag van my lewe gebeur, en dit sal in joune—as jy die geheim geleer het, wat is om te gee wat Hy vir jou gegee het.

Wat ek verstaan het hierdie vers beteken, is heeltemal anders van wat ek nou verstaan dit beteken. Die woord "vinniger" wanneer jy die wedloop van die lewe hardloop, beteken dat die seëning *voor* ons by die wenstreep kom. "Terwyl ons dan so 'n groot skare geloofsgetuienisse rondom ons het, laat ons elke las van ons afgooi, ook die sonde wat ons so maklik verstrik, *en laat ons die wedloop wat vir ons voorlê, met volharding hardloop*, **die oog gevestig op Jesus**, die Begin en Voleinder van die geloof. Ter wille van die vreugde wat vir Hom in die vooruitsig was, het Hy die kruis verduur sonder om vir die skande daarvan terug te deins, en Hy sit nou aan die regterkant van die troon van God. Hou Hom voor oë wat so 'n vyandige optrede van die sondaars teen Hom verdra het. Dan sal julle nie geestelik moeg word en uitsak nie" (Hebreërs 12:1-3).

Paar jaar gelede, wanneer beproewings my en my lewe getref het, het ek begin glo dat iets goed daaruit sou kom—maar eendag—'n jaar of 'n dekade later. Tog, gedurende die afgelope jaar, het ek begin om daardie seëning nie 'n jaar of 'n dekade later te soek nie, maar onmiddelik *nadat* die beproewing *verby* was. Dit is presies wat toe begin gebeur het. Die dag het aangebreek toe alles wat ek gesaai het *vinniger* as ek was en sou dikwels opdaag selfs voor die beproewing my lewe getref het. Geld het in my hand of my beursie of my bankrekening verskyn *voor* ek dit nodig gehad het. Planne vir dit wat ek nodig gehad het om te doen het verskyn *voor* enigiemand my die vraag gevra het.

Dan, soos ek gesê het, elke keer wanneer God 'n nuwe waarheid aan my geopenbaar het, vir my iets wonderliks *gegee* het waarnatoe ek kon loop, het ek begin om daardie waarheid te leef en dieselfde waarheid aan ander te *gee*. En aangesien my kinders die naaste aan my is, en hulle ook my erfenis is wat sal voortgaan om vir ander te *gee* wanneer ek weg is, word ek dikwels gelei om die waarheid eerste aan my kinders te gee. Die beginsel van ons seëninge wat vinniger as ons is, was een so beginsel.

Dit het gebeur op die dag wat my broerskind huis toe gevlieg het, ons moes meer as drie ure na 'n lughawe toe ry, my broer het aangebied om vir ons te betaal om in 'n hotel naby die lughawe te oornag. O, die guns van God. Op pad soontoe het ons deur 'n klein dorpie gery in die middel van nêrens toe my dogter oorleun en fluister, "Mamma, ek is so jammer, maar ek het nounet onthou dat ek vergeet het om my swembroek in te pak. Ek is so jammer!!" en ek kon sien dat sy amper in trane was omdat ons ons hotel gekies het op grond van hul wonderlike swembad en borrelbad. Ek het haar onmiddelik verseker dat daar geen rede was om bekommerd te wees, bang of sleg te voel nie, maar om eerder opgewonde te raak omdat Sy seëninge vinniger as ons sou wees! Sonder om te oordryf, ek het my kop gedraai en na regs gekyk om 'n klein Walmart te sien; dadelik het ek vinnig regs gedraai en verduidelik dat Hy haar natuurlik met 'n nuwe swembroek wil seën! Dan om Jesaja 40:20 te parafraseer "Bring vir Jerusalem die goeie tyding, en sê vir hom sy swaarkry is verby, hy het geboet vir sy sonde, hy het van die HERE die VOLLE straf ontvang vir al sy sondes [of foute]." Selfs al was die swembroek seisoen verby, seker genoeg, soos wat ons ingeloop het, naby aan die voorkant van die winkel, het my dogter een van die oulikste swembroeke gevind wat ek al ooit gesien het EN dit was verby gesalf. Hierdie swembroek het 'n paar somers geduur en was selfs goed genoeg om aan haar suster oor te dra, wat haar net so perfek gepas het. Net God kan dit doen!

Nie net het my dogters van hierdie ervaring weggestap met 'n begrip van hoe seëninge vinniger is as ons nie, maar om dadelik na die seëninge te soek, iets wat Hy eerste vir my *gegee* het. Maar onthou, my broerskind was ook saam met ons, so sy het dit teruggeneem en dit gedeel, deur dit met haar suster en haar ouers te leef!! Die rimpel van Sy liefde vir ons het halfpad rondom die wêreld versprei!!

Om Wag te Omhels

Nou om aan te beweeg en die berugte en ook die weersinwekkende beginsel van wag te bespreek. Wow, het die Here my ook nuwe insigte oor hierdie beginsel gegee!

As jy enigsins is soos ek was; ek het eenvoudig **gehaat**, verafsku en inmekaargekrimp as ek *geforseer* was om te wag. Nou is ek opgewonde as ek gevra word om te wag, omdat ek nou weet dat wag 'n opwindende deel van Sy plan is. Hoekom? Wat het verander? Die openbaring wat nog altyd daar in die Bybel was, maar wat ek nooit regtig wou omhels nie: "maar dié wat op die Here **vertrou**, kry *nuwe krag*. Hulle vlieg met arendsvlerke, hulle hardloop en word nie moeg nie, hulle loop en raak nie afgemat nie" (Jesaja 40:31).

Ek het nou genoeg ervaring opgedoen om te weet wanneer daar van my verwag word om vir iets te wag, enigiets, dit is omdat God daardie tydperk van wag georganiseer het sodat dit my die tyd sal gee wat ek nodig het om "nuwe krag te kry" sodat ek "nie moeg en afgemat word" wanneer die nuwe seën in my lewe verskyn nie. Wag stuur ook vir my 'n sein, dit sê vir my dat dit wat voorlê meer krag (fisies, emosioneel, en/of geestelik) gaan verg as wat ek op die oomblik het. Daarom, is ek meer as gelukkig om te wag en daardie tyd te gebruik om my krag op te bou met suiwer opgewondenheid— die krag wat my sal dra deur watter golf ek ook al gaan ry. Dit is 'n goeie metafoor of prentjie van hoe om voordeel te trek uit enige teëspoed, want dit is hoe God ons wêreld geskep het en hoe ons, as Sy bruid, oorvloedig kan leef.

Golwe van Teëspoed

Nog 'n openbaring was dat ek vir jare *teen* die golwe van my lewe geswem het, net om uiteindelik moeg en verslaan te word. Tog, oor 'n tydperk van net een jaar, het ek die geheim geleer om hierdie golwe van teëspoed anders te oorkom, deur nie langer die bose teen te staan nie en om elke keer wat iets of iemand teen my kom, eerder om te draai en en saam die teëspoed te ry, want God wil my hoër neem, om selfs 'n meer oorvloedige lewe lei. Onthou, "Hy maak my voete soos dié van n ribbok, op hoë plekke laat Hy my veilig loop" (Habakuk 3: 19). Dit het eintlik gebeur deurdat ek die dikwels verwaarloosde Saligsprekinge uitgeleef het, wat in die boek van Matteus gevind kan word. Meeste stop nadat Hy al die "Geseënd is dié" gelys het, maar hou eerder aan lees en verstaan 'n groter waarheid, wanneer Jesus later sê. . .

"Maar ek sê vir julle: Julle moet julle *nie* teen 'n kwaadwillige mens verset nie. As iemand jou op die regterwang slaan, draai ook die ander wang na hom toe. As iemand jou hof toe wil vat om jou onderklere te eis, gee hom ook jou boklere. As iemand jou dwing om sy goed een kilometer ver te dra, dra dit vir hom twee kilometer. Gee aan hom wat iets van jou vra, en moet hom wat van jou wil leen, nie afwys nie. Julle het gehoor dat daar gesê is: 'JOU NAASTE MOET JY LIEFHÊ en die vyand moet jy haat.' **Maar Ek sê vir julle**: Julle moet julle vyande liefhê, en julle moet bid vir dié wat vir julle vervolg, sodat julle kinders kan wees van julle Vader in die hemel. Hy laat immers sy son opkom oor slegtes en goeies, en Hy laat reën oor dié wat reg doen en oor dié wat verkeerd doen" (Matteus 5: 39-45).

Om die golf van teëspoed te ry, beteken dat jy *saam* met die stroom gaan en dit nooit teenstaan nie. Jesus het verduidelik hoe ons moet reageer wanneer mense vir jou sê om iets te doen, maar dit is ver van wat die kerk ons leer. Tog het Jesus 'n punt daarvan gemaak om te dokumenteer wat Hy gesê het, "*Maar Ek sê vir julle* . . ." So, soos almal wat onkundig is oor die waarheid, het ek die bose weerstaan en seker gemaak dat ek nooit naby genoeg aan iemand gestaan het wat my een keer geklap het nie. Ek sou vermy om hulle te sien en as ek geforseer was om hulle te sien, sou ek emosioneel terugstaan. En ek het sekerlik nie *meer* **gedoen** of *meer* **gegee** as wat iemand my gevra het om vir hulle te gee nie; daarom, het ek voortgegaan om die seëninge van Sy boodskap en die geheim om oorvloedig en kragtig te lewe, te mis—deur te gee—veral aan dié wat ons seergemaak of gebruik het.

Wat verander het, nadat ek my oorvloedige lewe gevind het, was dat ek begin het om dit wat ek nodig gehad het direk van God af te kry, soos wysheid, en direk van die Here, soos die liefde wat ek desperaat nodig gehad het. So, die oomblik toe ek gekry het wat elkeen vir my gegee het, was ek uiteindelik in staat om dit wat ek so oorvloedig ontvang het, aan ander te gee. Die oomblik toe ek soveel liefde en aanvaarding van die Here ontvang het (toe ek ten volle Sy bruid geword het), het enige bose persoon wat my wou klap (emosioneel deur hul woorde of dade) my glad nie meer seergemaak nie. Na 'n rukkie was elke klap net 'n wekroep wat my gewaarsku het dat ek weer hoër sou styg en dit het beteken dat die Here my sou vra om meer te *gee* as wat gevra was—deur te gee aan dié wat my seermaak en wil gebruik, dit is wanneer die groot seëninge kom—wanneer die persoon aan wie jy gee dit nie verdien nie!

Gee is ongelooflik kragtig wanneer dit vereis word, gesteel word, of onvriendelik gevra word. Teëspoed, verstaan ek nou, is eintlik die brandstof wat ons nodig het, of soos om die saad nat te maak wat die oorvloedige oes sal voortbring wat Hy ons belowe het. So, deur hierdie waarheid te verstaan, is dit nou baie maklik om teëspoed te omhels eerder as om daarvan weg te hardloop of my pad daardeur te stoot. En hou dit in gedagte wanneer jou oes, jou lande nie vrugte produseer nie. As jy hulle nie natmaak nie, of as jy nie brandstof in jou geestelike motor gooi nie, is dit 'n wonder dat jy nie vorentoe beweeg nie? Lees hierdie vers:

"Daarom is ek **bly** oor swakhede, beledigings, ontberings, vervolging en moeilikhede ter wille van Christus, want as ek swak is, is ek sterk" (2 Korintiërs 12:10). "Ek sê dit nie omdat ek iets kortkom nie. Ek het regtig *geleer* om onder *alle* omstandighede **reg te kom**" (Filippense 4:11NLV). Om eerlik te wees, ek kon nooit regkom in moeilikhede of vervolgings nie, net omdat ek nie oop was of geweet het dat ek openlik moes ontvang wat God en my Man my wou gee nie. Eers toe ek dit gevat het, geabsorbeer het, dit geleef het en dit gegee het, was ek in staat om "onder *alle* omstandighede **reg te kom**" waarin ek was.

Oorsaak van die Bose: Liefde vir Geld

Een gebied waar ek geleer het om hierdie beginsel van *gee* te omhels, is op die gebied van geld *gee*. Ons is so bang om nie genoeg te hê nie dat ons dwaaslik weerhou wat ons het, as gevolg van die liefde vir geld, net om uit te vind dat ons vrese verwesenlik word en dan sal gebeur. Wat ons vrees, gebeur eintlik omdat dit gemanifesteer of geskep word as gevolg van ons vrese. Hoe waar is hierdie vers vir my noudat ek die geheim van gee geleer het, veral om vir my vyande te gee en hulle te seën: "Daar is mense wat vrylik uitdeel en tog steeds meer het, daar is ander wat suinig is en tog arm word" (Spreuke 11:24). Terwyl die teenoorgestelde van die vers in Job 3:25 is, "Wat ek **gevrees** het, het *oor* my gekom; waarvoor ek bang was, het my getref." "Die dinge wat ek nog altyd voor bang was, het nou met my gebeur" (Die Boodskap Vertaling).

Wanneer ons bang is dat ons nie genoeg sal hê nie, vrees ons, dan weerhou ons dit wat billik betaalbaar is om voorspoedig te wees (deur vir ons vyande *meer* te gee as wat hulle vra of van ons vereis). Hierdie weerhouding lei tot "gebrek"—sodat die vrees van nie genoeg hê nie en die vrees vir 'n tekort aan fondse ons tref! Dit is die verskriklike bose en eindelose kringloop wat soveel Christene leef en wat die wêreld "aanskou". En die waarheid is dat hierdie sinloosheid net gebreek kan word deur al die liefde te ontvang wat die Here vir elkeen van ons het soos wat ons Sy bruid word, sodat ons genoeg op Hom kan vertrou om uit te leef wat Hy vir ons vertel het, "Maar Ek sê vir julle . . ." "gee en vir julle sal gegee word, 'n goeie maat, ingestamp, geskud en propvol." Wie van ons wil nie *oorvloedige* seëninge ontvang nie?!? Ons almal wil, maar dit verg *gee* as dit moeilik is om te doen, en gee aan wie ons glo dit nie *verdien* nie.

As gee iets is wat jy moeilik vind om te doen, is die oorsaak omdat jy nog steeds nie genoeg van Hom het nie. Wat jy nodig het is nie meer geld nie, maar meer van Hom wat jou liefhet op so 'n manier dat jy werklik soos Sy bruid voel! Wanneer ons die Here en Sy liefde heelhartig soek en wil hê, smag na en net op Hom fokus, belowe Hy dat, "Hy julle ook al hierdie dinge **gee**" (Matteus 6:33). Dinge en ander mense sal nie meer in jou lewe saak maak nie. Dit is regtig waar. Sodra jy genoeg van Hom het, sal jy meer en meer van Hom wil hê—nie dinge, of geld of ander mense nie. Jy sal nie aandag wil hê of geselskap nodig hê nie. En dan sal jy uiteindelik vry wees om te gee omdat die liefde wat die wêreld gered het, in jou lewe sal oorloop! Dan sal jy nie meer dinge, geld of mense wil hê of benodig nie—dan sal al hierdie seëninge "ingestamp en propvol" wees tot op die punt waar enigiemand wat naby jou kom, ook deurweek sal word deur Sy seëninge.

Dit is die geheim van die lewe—Hy het gegee.

"**God** het die wêreld *so liefgehad* dat Hy sy enigste Seun *gegee* het, sodat dié wat in Hom glo, nie verlore sal gaan nie maar die ewige lewe sal hê" (Johannes 3:16).

———— Hoofstuk 3 ————

Die Golf van Teëspoed

Julle moet julle nie teen 'n kwaadwillige mens verset nie
—Matteus 5:38

In die laaste hoofstuk het ek kortliks gedeel en verduidelik dat die ry van die golf van teëspoed, beteken dat jy **saam** met die stroom gaan, om jou nooit te verset teen die bose wat teen jou kom nie. En hoe dit eintlik Jesus self was wat verduidelik het hoe ons moet reageer wanneer mense vir jou sê om iets te doen, en dat Hy seker gemaak het dat jy weet dat dit Hy is wat dit gesê het, "Maar Ek sê vir julle . . ." "*Maar **Ek** sê vir julle*: Julle moet julle nie teen 'n kwaadwillige mens verset nie. As iemand jou op die regterwang slaan, draai ook die ander wang na hom toe. As iemand jou hof toe wil vat om jou onderklere te eis, gee hom ook jou boklere. As iemand jou dwing om sy goed een kilometer ver te dra, dra dit vir hom twee kilometer. Gee aan hom wat iets van jou vra, en moet hom wat van jou wil leen nie afwys nie" (Matteus 5:39-42).

Ek het ook gebieg dat ek seker gemaak het om nooit naby genoeg aan iemand te staan wat my eens op 'n tyd "geklap" het deur hulle woorde of aksies nie, as ek geforseer was om hulle te sien, het ek seker gemaak dat ek emosioneel terugstaan. Daar is geen twyfel dat dit moeilik is om net bereid te wees om naby diegene te bly wat onvriendelik was, maar ek is seker ons kan almal saamstem dat om *meer* te **doen** of *meer* te **gee** as wat dieselfde persoon gevra het of geëis het, is amper onmoontlik om te doen. Maar dit is wanneer al daardie "niks is onmoontlik" verse handig te pas kom. Kom ons lees hulle:

"Jesus het reguit na hulle gekyk en gesê: 'Vir mense is dit onmoontlik, maar *vir* God is alles moontlik'" (Matteus 19:26).

"Jesus het reguit na hulle gekyk en gesê: 'Vir mense is dit onmoontlik maar nie *vir* God nie, want vir God is alles moontlik'" (Markus 10:27).

"Niks is *vir* God onmoontlik nie" (Lukas 1:37).

"Daarop antwoord Hy: 'Wat vir die mense onmoontlik is, is *vir* God moontlik'" (Lukas 18:27).

Wat alles *moontlik* maak, is toe God Sy Seun vir ons gestuur het, om ons so lief te hê dat ons as vrouens waarlik geliefd kan voel—dit is wat alle dinge vir ons moontlik maak. As ons 'n tekort het aan Sy liefde, sal dit verhoed dat ons dit nie eens kan oorweeg om die beginsel van ry saam met die golf van teëspoed, aan te durf nie. En sonder enige van Sy liefde, sal vrouens dwaaslik teëspoed beveg, net om meer diep seergemaak te word, of sy sal van dit af weghardloop.

Wat ek my bes gedoen het om uiteen te sit in die vorige hoofstuk, was wat my verander het. Weereens was dit eenvoudig om my oorvloedige lewe te vind—om alles wat ek nodig gehad het **direk** van God af te kry soos wysheid, en **direk** van die Here af, soos die liefde wat ek desperaat nodig gehad het.

So kan ons uiteindelik saamstem dat gee 'n ongelooflike kragtige daad is, maar dit word selfs kragtiger wannccr dit vereis, gesteel, of onvriendelik gevra word? Dit is waar, jy mag dalk dink dit is kragtig pynlik, maar die waarheid is, sodra jy genoeg van Sy liefde het om oor hierdie beginsel na te dink, sal jy begin besef dat teëspoed, soos ek dit nou verstaan, cintlik die brandstof is wat ons nodig het, of soos om die saad water te gee wat 'n oorvloedige oes sal opbring—die baie beloftes waarop ons gewag het en wat Hy vir ons sal gee. Jy mag dalk dink dit is maklik vir my om te sê, maar net soos jy, was ek deur baie moeilike situasies in my lewe, maar nou is ek uiteindelik in staat om voordeel daaruit te trek.

My jare lange bediening het op dieselfde manier begin as wat Erin s'n begin het, toe my man my ook verlaat het, en deur daardeur te gaan, soos baie van julle, het Hy my na RMI en haar leringe gelei. Die Here het my toe baie van Sy beginsels begin leer om my lewe oorvloedig te leef, om my gereed te maak vir wat in my lewe voorlê. Elke beginsel, soos wat ek dit uitgeleef het, het my lewe aansienlik verander. Tog moet ek sê hierdie splinternuwe beginsel moet een van die kragtigste wees, wat ook 'n beginsel is wat ek nooit ooit van 'n kansel af gehoor het nie of in 'n Christelike boek gelees het nie. En alhoewel Erin dit êrens in een van haar boeke genoem het, en ek glo sy het, kan ek nie onthou dat ek dit voorheen aangegryp het nie.

Nou, sedert ek dit leef, is dit vir my die wonderlikste beginsel om volgens te leef wat, ek belowe, jou lewe vir ewig sal verander. En die rede hoekom ek dit glo, is omdat hierdie beginsel die manier was waarop Jesus Sy lewe geleef het. 'n Lewe omring deur teëspoed, haat, misverstand, verraad, verwerping en elke ander boosheid waaruit Sy baie kort lewe bestaan het hier op aarde.

Die grondslag van hierdie beginsel is eenvoudig dit—**moenie** die kwaad weerstaan nie.

Daar is niks so natuurlik, so ingewortel in ons wese, as om net die teenoorgestelde te doen nie. Ons kan dit nie verhelp om die kwaad wat aan ons gedoen word te weerstaan nie. Om die waarheid te sê, die Christen word van die begin van sy Christelike wandel geleer om die kwaad te weerstaan en teen elke kwaad en kwaadwillige persoon te baklei wat teen hom probeer kom of in sy pad staan. Sommige mag hierdie twee verse opsê om te bewys dat dit waar is:

"Onderwerp julle dan aan God. **Staan die duiwel teë** en hy sal van julle af wegvlug" (Jakobus 4:7).

"Ons **stryd** is **nie** teen **vlees** en bloed nie, maar teen elke mag en gesag, teen elke gees wat heers oor hierdie sondige wêreld, teen elke bose gees lug" (Efesiërs 6:12)

Alhoewel ons hierdie beginsel van weerstaan en worsteling in die Bybel sien, gaan dit egter daaroor om **ons** te weerhou om kwaad te doen—nie kwaad wat **aan** ons gedoen word nie. Daar is 'n geweldige verskil tussen die duiwel weerstaan wat ons in die versoeking bring om kwaad te doen, en ook worstel teen magte en die geestelike goddeloosheid wat probeer om ons vlees te voed. So wanneer ek sê moenie die kwaad weerstaan nie, weereens, is dit enige kwaad wat AAN ons gedoen word.

Benodig Sy Gees

Een beginsel wat ek weet ek by Erin geleer het, was hoe ons maklik kan meet of iets van die Here af is of nie. Êrens het sy ons geleer dat as ons iets op ons eie kan doen, werk ons in die vlees. Terwyl die teenoorgestelde ook waar is: as ons die hulp van die Heilige Gees nodig het, dan is dit duidelik van Hom af.

Mag ek ook erken dat baklei teen die bose ook van nature na my gekom het (of om daarvan weg te hardloop). Daarom, kan ons dan nie tot die gevolgtrekking kom dat as iets "natuurlik" na my toe kom, dit moontlik is dat dit my eie vlees is wat baklei of hardloop nie? Dit is ook waar dat wat verander het, was ek wat geweet het om nie meer die behoefte te hê om te veg of te vlug nie, was as gevolg van wat Sy liefde gedoen het om my te verander.

Tog miskien selfs interessanter, 'n selfs kragtiger en heeltemal oor die hoof gesiene waarheid, is die feit dat Jesus Sy lewe gelei het sodat ons, veral ons vrouens, Sy voorbeeld kon volg en ons was eintlik "geroep" om dit te doen.

"Juis hiervoor is julle ook **geroep**, omdat Christus self vir julle gely en so vir julle 'n voorbeeld gestel het, sodat julle in sy voetspore kan volg . . .toe Hy beledig is, het Hy **nie terug beledig nie**, toe Hy gely het, het Hy **nie gedreig nie**, maar alles oorgelaat aan Hom wat regverdig oordeel" (1Petrus 2:21-23). En die rede hoekom ek gesê het "veral" vrouens, is omdat daar onmiddelik na hierdie gedeelte in 1 Petrus 2 vir vrouens vertel word hoe om onderdanig te wees aan 'n man wat nie die woord glo nie of in rebellie is. "*Vrouens*, julle moet aan julle mans onderdanig wees. As daar van julle is met mans wat nie die woord van God glo nie, en die mans sien hoe godvresend julle is en hoe voorbeeldig julle julle gedra, sal hulle vir Christus gewen kan word deur die gedrag van hulle vrouens. Dit sal nie eens vir julle nodig wees om 'n woord te sê nie." (1 Petrus 3:1-2). Weereens, as daar enige verhouding is wat moeilik sal wees om "op dieselfde manier" te ly, nie terug beledig wanneer jy beledig word nie, en nie te dreig nie (om te loop, of in vandag se wêreld, om die polisie te roep), is dit in die verhouding met 'n man op wie ons vertrou het om ons lief te hê, reg? En laat ek dit ook sê, sodra jy in staat is om dit in die man/vrou verhouding te doen, solank as wat jy na aan Hom bly en voort gaan om dieselfde ding te doen in al jou ander verhoudings en situasies, voel dit eintlik so maklik. O, maar wag 'n gedagte het by my opgekom.

Dol en Desperaat

Daar is vandag talle vroue en die getalle groei, wat meer as bereid is om so te ly, meer te gee en die ander wang weer en weer en weer te draai. Maar ongelukkig is hulle motivering heeltemal anders as waarvan ek in hierdie hoofstuk praat. Die vreeslik beskadigde vrou van vandag plaas haarself in 'n warrelwind van pyn, gee oor en oor, meer as wat gevra word, in die hoop dat sy sodoende die liefde sal kry waarvoor sy dol en desperaat is! Sommige dierbare vroue is so gewoond daaraan om so te leef dat dit lyk asof sy aangetrokke tot dieselfde soort man is, weer en weer en weer.

Jy gee miskien nie genoeg om om hierdie siklus ter wille van jouself te stop nie, maar sal jy lank genoeg stop en daaroor nadink om hierdie bose kringloop ter wille van jou dogter, jou suster, jou niggie, jou kollega of jou tannie te stop? Totdat ons gewillig en braaf genoeg is om los te breek en die Liefde te vind wat die hoogste berg van pyn, seerkry, vernedering en emosionele littekens kan skuif, het ons geen hoop wat ons aan ander kan bied nie. Moet asseblief nie aanhou om hierdie hoofstuk te lees totdat jy stop om regtig te besef hoe belangrik dit is vir jou om te leer om so te leef nie. En wees dan bereid om hierdie hoop aan te bied, deur jou eie mislukkings en seerkry te deel, sodat wanneer die volgende vrou in pyn en vrees wat dol is vir liefde oor jou pad kom, sy die waarheid kan leer. Help haar om uiteindelik die diepte van Sy liefde vir haar te verstaan en wat dit in haar lewe kan beteken.

Gewillig om na die Skoonmakers Geneem te word.

Nou, vir 'n voorbeeld van hoe Hy my gehelp het om hierdie beginsel te verstaan, deur my eie persoonlike ervaring te deel oor wat gebeur het vanaf die kerk wye aankondiging deur my eks man, toe hy vir almal vanaf die preekstoel vertel het dat hy van my gaan skei. Sonder om daardie beginsel destyds regtig te verstaan, het die Here my gelei om my nie teen die kwaad te verset nie, om myself nie te verdedig toe duisende besorgde of woedende gemeentelede geëis het dat ek myself verduidelik nie. Of dit my eks man was wat sy eise vir die egskeiding gestel het of die beledigings en aantygings van die gemeentelede, sommige wat noue vriende was, deur Sy liefde alleen—was ek in staat om entoesiasties saam te stem met alles wat gesê was, deur Sy voorbeeld te volg om nie my mond oop te maak nie, soos my Man wat "maar alles oorgelaat het aan Hom (God) wat regverdig oordeel."

Baie van die besonderhede van wat Hy my deurgebring het, is in die *Staar Egskeiding in die Gesig* boek wat RMI aanbied as een van hulle vele gratis hulpbronne, so ek gaan nie besonderhede deel nie. (As jy gemis het om hierdie boek te lees, gaan asseblief na hul webwerf wat aan die einde van hierdie boek gegee word). My punt is dat Hy my regdeur daardie vroeë dae, heel aan die begin van my wat die oorvloedige lewe gevind het, gelei het om die beginsel van nie teen die kwaad te verset nie, uit te leef. Weereens, dit het begin met my eks man wat my privaat vertel het, daarna het hy die kinders vertel en toe het hy sover gegaan om dit op 'n Sondag aan te kondig, die dag wat hy sy bedanking ingedien het.

Tog, ek is nie alleen om deur teëspoed geneem te word nie—ja, dit is hoe die Here nie net vir my geleer het nie, maar ook vir Erin, wie gewillig was om al die beginsels te deel wat ons albei gevind het (en voortgaan om te vind) in die RMI hulpbronne. En as jy al so lank soos ek in haar hulpbronne is, sal jy sien daar is een algemene beginsel wat hulle almal saambind! Hoe alle vreugde gebeur deur ons intimiteit met Hom en om die Here te soek om ons te help deur al ons moeilike situasies. Dit is die enigste manier waarop ons ook beginsels sal leer wat elkeen van ons se lewens dramaties sal verander en help om die lewens van ander te verander! Gevolglik kan hierdie beginsel nie volbring word deur eenvoudig daaroor te lees nie, maar om *daardeur* te loop, nadat Sy liefde tot hierdie mate ervaar is.

In my eie lewe, vandat ek my man die eerste keer hoor aankondig het dat hy van my gaan skei, het ek gevind dat dit van my kant af nie te veel geverg het om my *nie* teen die kwaad te verset wat teen my gekom het nie. Toe, soos wat die jaar aangestap het, het dit gelyk asof dit makliker en makliker word. Oor die jare het ek aangeneem dat dit die vorige jaar moes wees (my moeilikste jaar ooit) toe dit begin het. Daardie jaar het gedien om enige vlees wat ek oorgehad het, dood te maak—of so het dit gelyk. Toe, met my vlees dood, was ek in staat om selfs meer van Sy liefde te absorbeer. Ek het ook ontdek dat my vlees direk gekoppel is aan die dieptes van my hart wat my kinders en hul welstand aanbetref. Ek weet dat almal wat moeders is, maklik kan identifiseer as ek sê dat as dit by ons kinders kom, is daar blykbaar iets ingebou wat instinktief veroorsaak dat ons vir hulle baklei.

Tog, selfs dan, het God 'n manier om Sy hart met ons s'n op te lyn wanneer Hy ons herinner wat dit gekos het vir *ons* om Hom te leer ken en te ervaar—dit was te midde van teëspoed, was dit nie? So vir my, is die belangrikste ding in my lewe (langs my intimiteit met my Beminde Here) om te sien hoe elkeen van my kinders in 'n intieme en kragtige verhouding met die Here stap. Wat beteken dat hulle ook 'n lewe gevul met teëspoed sal moet leef om Hom sodoende te ervaar. Ja, soos Erin sê, "Ek ervaar geen groter blydskap as juis wanneer ek hoor dat my kinders in 'n hegte verbondenheid aan die waarheid lewe nie" (3 Johannes 1:4).

As ek dus teëspoed gaan toelaat om nie net my te tref nie, maar ook my kinders, sonder dat ek in die versoeking kom om tussenbeide te tree of selfs om die slag te demp wat aan hulle gedoen word, dan moet ek seker maak dat ek vir hulle die beginsels gee en leer en vir hulle die voorbeeld wees om te sien hoe. Om my kinders *deur* te help, net soos wat ek doen vir vrouens wat ek in my kerk ontmoet of in my bediening, moet ek hierdie beginsel ken, leef en deel. Alhoewel ek weet dat ek dalk oordryf, maar dit voel dikwels asof daar ten minste een nuwe aanval per week teen my kinders kom en die fondasie van hulle lewens bombardeer, wat vir kinders die gebied van **veiligheid** is. Kinders (en vrouens) moet weet dat hulle veilig is en dat geen skade teen hulle gaan kom om vir hulle pyn te veroorsaak nie. Dit is die sekuriteit wat kinders nodig het om te groei, en vrouens nodig het om te floreer.

Ons het elkeen van die gevolge gehoor op baie televisie geselsprogramme wanneer hulle delf in hoe dinge wat in 'n kind se verlede gebeur het, verseker is om die natuurlike groeiproses te belemmer of te inhibeer en hulle lewenslank te skend. Ons word vertel hoe hierdie kinders "emosioneel gestrem" gelos word en is "geskende" volwassenes wat vol probleme en sukkel is wat hulle weg in elke faset van hulle volwasse lewens vind. Sommige van ons *is* hierdie volwassenes. So hoe kan ons moontlik ons kinders help, of onsself help as gewonde volwassenes, wanneer dit lyk asof die hele wêreld net een reuse teëspoed is wat teen ons kom met geen verligting?

Deur te glo wat Hy ons vertel het, "Dit sê Ek vir julle, sodat julle vrede kan vind in My. In die wêreld *sal* **julle dit moeilik hê**; maar hou moed: Ek het die wêreld klaar oorwin." (Johannes 16:33). Jesus was in staat om die wêreld te *oorwin*, ek glo, deur hierdie een beginsel wat nooit geleer word nie, nog minder deur vandag se Christen uitgeleef word. Dit is wat Hy ons geleer het sedert die begin van Sy bediening.

Weereens, gee, en luister wanneer Hy sê, "*Maar Ek sê vir julle* **moet julle nie teen 'n kwaadwillige mens verset nie**. As iemand jou op die regterwang slaan, draai ook die ander wang na hom toe. As iemand jou hof toe wil vat om jou onderklere te eis, gee hom ook jou boklere. As iemand jou dwing om sy goed een kilometer ver te dra, dra dit vir hom twee kilometer" (Matteus 5:38-40).

Die heel eerste deel verklaar dit duidelik, lees dit weer—*moenie verset nie*.

Kom ons dink vir 'n oomblik hieroor. Wat as Jesus teen Sy dood aan die kruis *verset* het, waar sou ons wees? Onthou hoe Petrus instinktief verset het (deur die wag se oor af te sny) en was deur Jesus berispe (wie die man se oor genees het). Petrus het ook gejok. Hy het toe gehardloop en weggekruip (net soos wat baie van ons doen) toe teëspoed teen hom kom, alhoewel hy 'n ooggetuie was vir Jesus en Sy voorbeeld om hom nie teen die kwaad te verset nie. Tog, Jesus het geweet dat dit natuurlik is om te *verset*; daarom, Het Hy **vooraf** verduidelik hoe Hy sou lewe (deur nie te verset nie) en het toe die uiterste bewys van die beginsel se krag gewys deur die brander van teëspoed te ry al die pad tot by die kruis.

As gevolg van Hom wat meer vir my wil hê, was ek geroep om hierdie beginsel te leer, te leef en te onderrig. Net toe kon ek nou in my eie lewe sien, en ook deur die lewe van Jesus van naderby te beskou, dat in plaas daarvan om te verset, kan ons eintlik die teëspoed **gebruik** as 'n gladde en maklike rit wat ons reguit na die seëninge toe lei, sowel as om vir ons 'n verhoogde platform te gee wat ons kan gebruik om vir God die glorie te gee wat Hy verdien en te staan om Sy liefde met ander te deel!

'n Analogie

Eendag terwyl ek (êrens heen) gevlieg het, het die Here vir my 'n analogie van hierdie beginsel gewys om nie teen die kwaad te verset nie, soos 'n branderplankryer wat "'n brander van teëspoed" na die strand toe ry. Dit was maklik vir my om te verstaan aangesien ek 'n Kalifornië meisie is en het met branderplankry groot geword. So aangesien so baie van julle deur land omring is, sal ek my bes doen om jou te help om hierdie beginsel te verstaan. Hierdie analogie het nie net my gehelp nie, maar dit het my kinders gehelp om die beginsels te verstaan en in hul lewens in te werk.

Die Here het vir my n groep mense gewys wat na die see toe gekom het, maar hulle het eenvoudig op die veilige sand gesit, ver van die onheilspellende golwe. Ek onthou hulle as die toeriste wat ten volle geklee gekom het en nooit regtig met die voornemens om te swem nie. Toe sien ek 'n ander groep wat met hulle voete in die wit water gestaan het wat vorentoe en agtertoe beweeg het saam met die gety. Ek het onthou as 'n klein dogtertjie dat vrouens dikwels sou staan en praat, met hulle broekspype opgerol, terwyl hulle net genoeg, maar nie te veel, van die see geniet het. Wanneer ek langs hulle gestaan het, het ek gevind dat as ek net stil gestaan het, sou die gewas van die branders vorentoe en agtertoe dikwels veroorsaak dat my voete begrawe sou word sodat ek nie maklik kon beweeg nie. Interessant.

Volgende, het Hy vir my die ietwat dapperes gewys wat dit 'n bietjie verder in die branders sou waag. Een brander na 'n ander sou hulle tref en dikwels omslaan, aangesien hulle nie hoër op die sand was soos die dames nie, nog minder was hulle ver genoeg in die water waar die branders sou swel maar nie op hulle sou neerstort nie. Alhoewel hulle gedink het dat hulle veiliger was nader aan die strand, eerder as om dieper te gaan, was hulle eintlik direk in die pad van die gewig van elke brander, wat veroorsaak het dat hulle omgeslaan was totdat hulle uitgemergel was. Sommige van hierdie dapperder siele sou toekyk terwyl ander swemmers net onder die branders sou induik sekondes voordat dit neerstort. Tog, selfs hierdie beter, dapperder swemmers het gou moeg geword en moes teruggaan strand toe om te rus en herstel nadat hulle deur genoeg branders geduik het.

Laastens was daar die gretige siele wat die geheim van hierdie nadelige branders geleer het. Hierdie swemmers het uitgeswem tot daar waar dit diep was, hulle het dan omgedraai om te wag vir die groot branders, en eerder as om daarteen te baklei, sou hulle met vertroue omdraai en in die rigting van die strand roei, hulle kies om *saam* met die brander te werk en sy woede te gebruik om na sy bestemming te ry. Hulle het eintlik die "brander van teëspoed" gery en volle voordeel getrek uit sy krag en sy woede vir hulle beswil gebruik.

Die Here het nie sy allegorie daar gestop nie. Ek het toe in my verbeelding verder langs die kus af gesien waar daar 'n verbode area was, waar geen swemmers toegelaat was nie, waar slegs die branderplankryers met hul branderplanke toegelaat was om die grootste golwe te ry—en hulle was nie alleen nie. Op die strand was daar baie toeskouers wat bymekaar gekom het om te kyk of in verwondering te staan. Diegene, het die Here my gewys, was daardie heiliges wat die branders van teëspoed gebruik het as 'n platform om God se grootheid te wys. In plaas daarvan om bang te wees vir die grootste golwe, sou hulle uitkyk vir hulle in groot afwagting.

Dit is wat die Here wou gehad het ek moes begin doen en wat ek jou wil aanmoedig om na uit te sien in jou eie lewe.

Platform om Sy Grootheid te Wys

Terwyl ek gereis het en met vrouens op 'n individuele basis gepraat het, of voor 'n groot kerk, of enige plek tussenin, het ek gevind dat ek verskeie getuienisse met hulle gedeel het, alhoewel ek dit nie beplan het nie. Hoe groter die golf van teëspoed wat ek gedeel het waarop ek gery het, hoe groter was hulle opgewondenheid as ek dit gedeel het. Die twee branders van teëspoed wat uiteindelik die meeste oohs en aahs gekry het, was die waaroor baie Christene my eintlik gekritiseer en gespot het—as dwaas of selfs in stryd met die woord van God. Een was toe ek vir my eks man se wittebrood betaal het en ook toe ek met my eks man gepraat het (na sy verlowing aangekondig was) en hom aangemoedig het om goed en geduldig met sy nuwe, aanstaande vrou te wees. Die vrouens in Afrika het veral opgewonde geraak oor hierdie twee getuienisse aangesien hulle heel duidelik was (selfs die direkteur van 'n groot wêreldwye ministerie wat oor al die nasies van Afrika strek) en het vir my gesê dat as dit *hulle* mans was, hulle nie sou betaal vir 'n wittebrood nie of hom aanmoedig om goed vir die ander vrou te wees nie, maar sou eerder iets groot en "dodelik" vind om hom mee te slaan (en die ander vrou)!

Tog, hierdie golwe van teëspoed is juis wat dieselfde Christene gedwing het om te dink oor hulle eie lewens en hoe hulle geleef het en watter impak dit gemaak het op die verlore siele van hierdie wêreld. Wat die wêreld "aanskou" vertel baie verskillende stories van Sy lewe en Sy liefde of praat teenstrydig daarmee. Nietemin, dit was nie die vrouens (of die mans) in die kerk met wie ek die graagste my "ry die branders van teëspoed" stories wou deel nie. Dit was toe ek geseënd was om dit met vreemdelinge te deel, wat toe belanggestel het om "daardie God", van wie hulle nog nooit gehoor het nie, te leer ken. Wat die Here vir my gewys het, was dat hierdie die soort branders was waarvoor ek moes begin uitkyk en nie bang voor te wees nie, soos die branderplankryers op hulle branderplanke, moet ek eintlik uitkyk en opgewonde wees om hulle te ry!

Berei Ons Voor

Natuurlik, om enige nuwe beginsel te leer, sal altyd die regte omstandighede benodig om hulle toe te pas; gelukkig kom hierdie nou gereeld in my lewe en dalk in jou lewe ook. Daar is altyd 'n

swelling van 'n brander op die horison, onlangs, met betrekking tot die toesig van my jongste kinders. Die volgende een sal my binne 24 uur bereik wanneer my eks man arriveer vir 'n "ongeskeduleerde besoek," wat my kinders seker is nog 'n ongunstige, moontlik, groot golf sal beteken.

Tog, toesig is nie die enigste aanhoudende branders wat my tref nie, want daar in die oseaan van teëspoed, kan ek duidelik 'n tsunami sien met betrekking tot my finansies. Soos baie branderplankryers, wanneer jy die grotes sien, is jy beide 'n bietjie bang en terselfdertyd 'n bietjie opgewonde. Sal ek in staat wees om vas te hou? Sal ek grasieus daarop kan beweeg, wetende dat so baie my dophou? Of, sal ek eerder tou opgooi en na die swellende brander roei (en sake in my eie hande neem) en die platform mis om God te verheerlik en te skree oor die Here se Liefde?

Om moed te kry, lyk dit asof my gedagtes altyd terugkeer na elkeen van die branders wat die Here my tot dusver deur gebring het, wat my help om die moed te kry wat ek sal nodig hê om "daarvoor te gaan". Terselfdertyd, omdat ek net 'n mens is, veg ek teen die gedagtes wat probeer om in my kop te kruip met die vele "wat as" scenario's wat ek myself voorstel, soos om "uit te vee"—wat 'n branderplankryer term is wat ek dink ek nie nodig het om te verduidelik nie. Nietemin, net 'n vinnige blik na die gemerkte beloftes in my Bybel, of selfs 'n kort oomblik van intimiteit saam met die Here, en daardie visioene word vervang met die vertroue wat ek gaan nodig hê. Vir my om vir God die glorie te gee wat Hy weereens verdien, en om regtig die Liefde te wys wat daar vir elke vrou van haar Man af is, wat gesterf het om vir haar Sy oorvloedige lewe hier op aarde te gee, moet ek altyd onthou dat dit alles oor Hom gaan en glad nie oor my nie.

Die platform wat Hy net vir my en jou gebou het, is juis vir die doel dat ons 'n seën sal beërwe (en dit is wat ek opgaar om te los as 'n erfporsie vir my kinders). Hierdie "golwe van teëspoed" is geskep om die aandag van die ongelowige te kry en te veroorsaak dat hy Jesus persoonlik wil leer ken, terwyl dit terselfdertyd gebruik word om die algemene Christen te motiveer om 'n lewe te lei wat verborge is en gekweek word in diepe intimiteit met Hom.

Nou, Kosbare leser en liewe vriendin, raak opgewonde, soos wat jy gereed maak om die volgende brander te ry wat na jou toe aankom.

──── Hoofstuk 4 ────

Wanneer Gee Ek Op?

My juk is sag en
My las is lig
—Matteus 11:30

As 'n Christen, sal ek en jy elkeen tye in ons lewens tegemoet gaan wanneer al wat ons wil doen, is opgee. Geen beroemde man of vrou van wie ons gelees het, maak nie saak hoe edel, het nie die gevoelens of gedagtes van opgee ervaar nie—nie een nie. Selfs Jesus, op Sy knieë, met bloed wat van Sy voorkop af drup, het God gevra of daar 'n "ander manier" was behalwe die kruis toe Hy daardie aand in Getsemane gebid het. Dit is natuurlik, en dit word selfs verwag om hierdie gevoelens te hê

Die verskil tussen diegene wat later as "beroemd" beskou word, teenoor diegene wat nooit die bladsye haal wat ons as Christene lees vir aanmoediging nie, is wat daardie persoon met die gedagte of gevoel van opgee doen. Diegene wat moontlik tot grootheid geroep is, dié van wie ons nooit weer hoor nie, is diegene wat op daardie gedagtes en gevoelens reageer—en terugdraai, Tog diegene wat aangaan, soos Jesus, is diegene wat op Iemand en iets groter staat maak om hulle deur te dra. LIEFDE. "God het die wêreld so **liefgehad**…" (Johannes 3:16).

Die man wat die meeste van die Nuwe Testament geskryf het, die apostel Paulus, het baie te sê gehad oor opgee. Hy het uiteindelik gesê, "Ek het die goeie wedloop afgelê; ek het die wenstreep bereik; ek het gelowig end-uit volgehou. Nou wag die oorwinnaarskroon vir my, die lewe by God. Op die dag dat Hy weer kom, sal die Here, die regverdige Regter, dit vir my gee, en nie net vir my nie, maar ook vir almal wat met verlange uitsien na sy koms." (2 Timoteus 4:7-8).

Moes hierdie man, Paulus, so baie verduur en deurgaan om vir ons so 'n hulp te wees? Eendag, terwyl hy homself teen die Korintiërs moes verdedig, het hy dit gesê, "'En nou praat ek asof ek van my verstand af is: ek nog meer! Ek het harder gewerk, ek was meer in die tronk, ek is meer dikwels geslaan, ek was dikwels in doodsgevaar. Vyf maal het ek van die Jode die gebruiklike straf van nege en dertig houe gekry, en een maal is ek met klippe gegooi, drie maal het ek lyfstraf gekry, en een maal is ek met klippe gegooi. Drie maal het ek skipbreuk gely en een maal het ek 'n dag en nag in die oop see deurgebring.'

'Ek was dikwels op reis en in gevaar: daar was gevare van riviere, gevare van rowers, gevare van my volksgenote en gevare van heidene, gevare in die stad en gevare in die veld; gevare op see en gevare onder vals broers. Daar was vir my harde werk en swaarkry, dikwels nagte sonder slaap, dikwels honger en dors; en dikwels was ek sonder kos, sonder skuiling of bedekking teen die koue.'

'Behalwe dit alles was daar nog die daaglikse bekommernisse, die besorgdheid oor al die gemeentes. As iemand swak is, voel ek asof ek self ook swak is?'" (2 Korintiërs 11:23-29).

Meeste van ons sidder wanneer ons aan die teëspoed dink wat ons moet verduur om in staat te wees om ander te help met ons getuienis. Wanneer dit daarop neerkom, tensy ons iets daaruit kry, sal meeste van ons eenvoudig opgee en terugdraai. Om eerlik met jou te wees, wat ek "gehoop" het ek sou kry uit my teëspoed op my reis was 'n vers waaraan baie Christen leiers vasklou wanneer hulle wil hê Jesus moet vir hulle sê, "Mooi so! Jy is 'n goeie en getroue slaaf!" (Matteus 25:21). Tog, selfs daardie gedagte motiveer my nie nou meer nie—om nie te wen nie, nie eers die prys wat die Apostel Paulus gebruik om jou en my te motiveer nie (en ek was nog altyd 'n mededingende persoon). 'n Deel van die rede is dat ek verkies dat my Man die Een is wat my groet, *nie* as Sy "goeie en getroue" slaaf nie, maar my omhels soos ek my Bruidegom voorstel om te doen—my optel en rondswaai tussen die wolke wanneer ek die aarde verlaat en Hom ontmoet.

Paulus het ook gesê, "Dit alles doen ek ter wille van die evangelie, sodat ek aan die vrug daarvan deel kan hê. Weet julle nie dat atlete wat aan 'n wedloop deelneem, wel almal hardloop, maar dat net een die *prys ontvang nie*? Hardloop dan só dat julle die prys kan **wen**. Almal wat aan 'n wedstryd deelneem, ontsê hulleself allerlei dinge. Hulle doen dit om 'n verganklike oorwinnaarskroon te verkry, maar ons 'n onverganklike" (1Korintiërs 9:23-25).

Weereens, probeer Paulus my en jou motiveer terwyl hy aan die Filippense skryf, "Terwyl ons dan so 'n groot skare *geloofsgetuienisse* rondom ons het [onthou dat dit letterlik beteken die mense in jou lewe wat "aanskou" en dophou hoe jy hoe lewe anders leef], laat ons elke las van ons afgooi, ook die sonde wat ons so maklik verstrik, en laat ons die wedloop wat vir ons voorlê, met volharding hardloop, **die oog gevestig op Jesus**, die Begin en Voleinder van die geloof. Ter wille van die vreugde wat vir Hom in die vooruitsig was, het Hy die kruis verduur sonder om vir **die skande** daarvan *terug te deins*, en Hy sit nou aan die regterkant van die troon van God. Hou Hom voor oë wat so 'n vyandige optrede van die sondaars teen Hom verdra het. Dan sal julle nie geestelik moeg word en uitsak nie" (Hebreërs 12:1-3).

Alhoewel baie van julle hierdie vers in Hebreërs gelees het, het ek 'n ander weergawe in *Die Boodskap Bybel* gevind wat lyk asof dit vanoggend net 'n bietjie beter pas.

"Die lewe is soos 'n wedloop. Op die pawiljoen het ons 'n skare mense wat voor ons met geloof en vertroue in God geleef het. Hulle moedig ons aan om gelowig vol te hou met die wedloop. Laat ons dan ontslae raak van enigiets wat ons hinder om die wedloop van die lewe behoorlik te hardloop. Dit is veral die sonde wat ons gedurig wil pootjie. Laat ons soos die ander gelowiges hardloop met alles wat ons het. Laat ons maar net die wedloop hardloop deur op Jesus te konsentreer. Hy het vir ons gewys wat dit beteken om op God te vertrou en Hy sal ons tot aan die einde daarmee help, sodat ons geloof sal bly wat dit behoort te wees. Dink aan sy voorbeeld. Die skande en vernedering van die kruis was nie vir Hom te veel nie. Hy het dit alles verdra omdat Hy geweet het dat daar soveel blydskap daarna vir Hom wag. Kyk nou net, nou sit Hy op die ereplek by God in die hemel. Hou Hom gedurig in gedagte. Dink aan alles wat Hy moes deurmaak, ja, aan al die slegte dinge wat die sondige mense aan Hom gedoen het. As julle sy voorbeeld volg, sal julle nooit moedeloos word en tou opgooi nie" (Hebreërs 12:1-3 Die Boodskap).

Weereens, alhoewel ek daarvan hou om myself te verbeel dat ek langs God sit, doen ek dit deur my te verbeel ek sit by my Man, aan Sy sy. As 'n vrou, is ons gebore en geskape om na hierdie soort liefde te hunker, nie die selfsugtige, self-gesentreerde, self-dienende liefde van die menslike geslag nie—ligjare en planne bo wat die meeste kan dink.

"Aan Hom wat deur sy krag wat in ons werk, magtig is om oneindig meer te doen as wat ons bid of dink, aan Hom kom die eer toe, in die kerk, deur ons verbondenheid met Christus Jesus, deur al die geslagte heen tot in ewigheid. Amen" (Efesiërs 3:20 Afr 83).

"God is so magtig en sterk. Juis met daardie krag werk Hy ook in ons. Hy kan en het dinge vir ons gedoen waarvan ons nie eens kon droom nie" (Efesiërs 3:20 Die Boodskap).

Analogie Van 'n Volmaan-Getuie

Terwyl ek na die volmaan buite my venster kyk, het ek gevind dat ek met die Here praat soos wat ek altyd doen. Omdat dit Sondag was, het ek myself geforseer om van my rekenaar af te bly om die broodnodige rusdag saam met Hom te neem. Wat ek myself gevind sê het, is dat die *volmaan* soos ons is wanneer ons Hom as ons Son, Sy Seun, in die gesig staar, wanneer die wêreld ons nie blokkeer of in die pad kom van hoe ons ons lewens leef nie. Die skoonheid, en die wonderlike deel van hoe God hierdie heelal geskep het, is dat al skyn net 'n stukkie van Sy lig op ons lewens, die res geblokkeer deur die baie dinge van die wêreld, kan ons *halfmaan* selfs dan diegene lok wat na ons lewens kyk—hoop soek.

Opgee:
Terugdraai teenoor Oorgee

So, ja, ek het in werklikheid op die plek gekom waar ek wou opgee, maar toe besef ek dat wat ek ook al gedoen het om my moegheid te veroorsaak, en daartoe gelei het dat ek wou opgee, die gevolg was van my wat te veel van die las dra—die laste wat vir Hom gegee moes word! Laste van planne maak of dink of enigiets anders wat ek gedoen het, wat my begin af trek het. Om by die oorweldigende gevoelens te kom van opgee, wys vir my en jou dat ons **moet** opgee, sodat ons gedraai kan word om alles oor te gee aan die Een wat wag om daardie laste te vat wat Hy *wil hê* ons moet opgee—Nee, nie om terug te draai nie—maar sodat ons kan besef dat Hy 'n Heer is, 'n Krygsman, 'n Voorsiener en enigiets anders wat ons nodig het, eerder as om dit **self** te doen.

Lees wat die Here vir jou sê "Voel jy moeg vir hierdie lewe? Knak julle knieë onder al die probleme en verantwoordelikhede wat julle moet dra? Het julle godsdiens leeg geword sodat dit julle geestelike dors nie meer les nie? Kom dan na My toe. Kom wy jou lewe aan My toe. By my sal jy weer die sin van die lewe ontdek. Kom luister na wat Ek vir jou oor jou lewe wil leer. Ek sal jou leer dat geluk nie is om heeltyd net vir jouself te lewe nie. Jy sal ontdek wat dit beteken om nog vir ander mense tyd en liefde oor te hê. Kom ontdek watter vreugde dit bring om te leef soos God wil hê jy moet leef. Dis nie moeilik om so te leef nie; om die waarheid te sê, as jy so begin leef, sal jy agterkom hoe lekker die lewe regtig kan wees" (Matteus 11:29-30 Die Boodskap). Die Here wil en is toegerus om die swaar laste te dra, selfs die kleintjies wat ons dink ons kan hanteer.

So dikwels is die laste wat ek ervaar, te wyte aan die feit dat ek *gejuk* word aan ander mense se begeertes of eise aan my, en waarskynlik selfs meer gereeld, dit is te danke aan die juk wat ek op myself gesit het, begeertes en eise of volmaakthede wat ek op myself gesit het.

Luister weer na wat Hy vir jou sê, "Neem my juk op julle en leer van My, want ek is sagmoedig en nederig van hart, en julle sal rus kry vir julle gemoed. My juk is sag en my las is lig" (Matteus 11:29-30). SY juk is altyd sag en lig. So wanneer ons voel asof ons wil opgee, gee daardie moeisame juk op en verruil dit vir Syne—sag en lig— waar ons rus vir ons siele sal vind.

Die rede hoekom Hy my gelei het om hierdie hoofstuk te skryf, glo ek, is omdat ek vanoggend nog 'n brief gekry het van 'n vrou wat geskryf het om my te laat weet dat sy opgee. Ek kry so baie briewe van vrouens wat opgee, alhoewel ek glo dat daar vele meer is wat opgee maar nooit aan my of RMI skryf nie.

So, vir almal van julle wat wil opgee, of die handdoek ingooi, 'n makliker pad vind, DOEN dit asseblief. Maar eerder as om terug te keer na jou ou lewe toe of iets wat die wêreld jou met graagte sal bied (en meer pyn veroorsaak), sit waar jy is OF nog beter, hardloop en gooi jouself in Sy wagtende arms. Laat Hy jou styf vashou en verseker dat alles wat jou moeg gemaak het, glad nie Sy juk is nie.

"Die Here is my herder, ek kom niks kort nie. Hy laat my rus in groen weivelde. Hy bring my by waters waar daar vrede is. Hy gee my nuwe krag" (Psalm 23:1-3). Dan gedurende die tyd wat jy in daardie sagte groen weivelde rus, langs die waters van vrede, kan julle alles saam uitsorteer wat jy nodig het om vir Hom te gee.

Dit was net twee dae gelede wat al waaraan ek heeldag kon dink, was dat dit alles, alles waardeur ek gegaan het en nou deurgaan (en wow, dinge was onlangs moeilik en lyk asof dit elke dag moeiliker word), is vir net een rede—om Hom te ken, om aan Hom gejuk te word en dit alles toe te laat as Sy manier om my te wys hoe om my lewe anders te leef. Oorvloedig te leef. Daar is geen ander manier om hierdie waarheid te leer ken nie.

Niks anders maak saak as om Hom persoonlik te leer ken en jou lewe te leef, aan Hom gejuk nie—niks in my lewe, niks in jou lewe (selfs nie as dit **nie** is hoe jy *voel* of *dink* nie).

Vir diegene wat lof wil hoor "wel gedaan," onthou, 'n trofeë raak stowwerig, lof staak om dieselfde te voel, aansien en faam kom teen 'n prys. Dit is hoekom dit weereens belangrik is dat ons verstaan dat daar net een ding is wat diegene gemotiveer het na wie ons nou kyk vir aanmoediging, daardie individue wat eendag beroemd word—dit was omdat deur alles, hulle Hom leer ken het.

Soos wat Paulus gesê het, deur Die Boodskap Bybel geparafraseer, "Al dié dinge was eers vir my ook baie belangrik. Maar Christus het my oë laat oopgaan. Dit het glad geen waarde meer vir my nie. Ek het besef hoe dit 'n mens se aandag kan aftrek van wat regtig belangrik is, en dit is dat ek Christus Jesus my Here [my Minnaar] leer ken het. Dit het my laat besef dat al hierdie ander dinge eintlik niks in vergelyking daarmee is nie. Vandat my pad Jesus s'n gekruis het, het die hele manier waarop ek na dinge kyk, verander. Al daardie dinge wat eers vir my so belangrik was, is nou vir my minder as niks werd, want Jesus het vir my **alles** geword. Hy is nou vir my belangriker as alle ander dinge tesame. Daarom het ek alles gelos vir Hom. Wanneer God na my kyk, moet Hy sien dat ek in 'n intieme verhouding met Jesus staan. Jesus het mos my saak met God reggemaak. Dit was nie omdat ek so mooi na die wet geluister het nie, maar omdat ek Jesus *vertrou*. Vrede en **goeie verhoudings** tussen God en en mens word ervaar deur almal wat in Jesus glo. God sorg daarvoor" (Filippense 3:7-9 Die Boodskap).

Laat my afsluit deur jou te verseker van hierdie een feit wat ek geleer het deur die Oorvloedige Lewe te Leef, "My beminde is myne, en ek is Syne . . . toe kry ek die man wat ek liefhet; Ek het Hom vasgegryp. Ek het hom nie weer laat los nie . . . **die liefde verteer my**" (Hooglied 3:2-4; 5:8).

—————— Hoofstuk 5 ——————

Klein soos 'n Man se Vuis

Na die sewende keer het hy kom sê:
"'n Wolkie so groot soos 'n man se hand
kom uit die see uit op."
—1 Konings 18:44

Die opening vers verwys na Elia die profeet se geloof en was nog altyd een van my gunsteling verse as gevolg van die beginsel wat ek graag omhels. Om die waarheid te sê, dit is een van die redes hoekom Erin begin het om lofverslae op die RMI webwerf te plaas, dis hoe sy sê lofverslae deel, begin het. Toe sy begin het, het sy aangekondig dat sy wou hê dit moet die bedienings lede leer om te soek vir hulle "baie klein wolkie" wat sou aankondig, in geloof, dat hul wonderwerk op pad is. Toe ek dit gehoor het, het ek gereeld lofverslae begin indien, ek het elke keer aangekondig wanneer die Here iets in my lewe sou doen sodat ander vroue kon opgewonde raak, maak nie saak hoe klein die wolkie was nie.

As jy ook haar *Herstel Jou Huwelik* boek gelees het, dan het jy baie verse daarin gelees oor geloof. Net om ons almal se gedagtes te verfris, laat my net 'n paar van my gunstelinge lys:

"Daarop antwoord Jesus hulle: 'Dit verseker Ek julle: As julle **geloof** het en nie twyfel nie, sal julle kan doen . . . julle sal vir hierdie berg kan sê: "Lig jou op en val in die see!" en dit sal gebeur.'" (Matteus 21:21). Maak nie saak hoe onmoontlik nie.

"Die **geloof** kom dus deur die *prediking* wat 'n mens hoor, en die prediking wat ons hoor, is die verkondiging van Christus" (Romeine 10:17). Weereens om mekaar se geloof te bou deur te hoor van daardie onmoontlikheid wat Hy in jou lewe doen, maak nie saak hoe klein nie.

Laastens, waarskynlik my twee absolute gunstelinge is: "Om te **glo**, is om seker te wees van die dinge wat ons ***hoop***, om oortuig te wees van die dinge wat ons ***nie* sien** nie." (Hebreërs 11:1). "As 'n mens nie **glo** nie, is dit onmoontlik om te doen wat God wil." (Hebreërs 11:6).

Tog, in plaas van die beginsel vir hierdie hoofstuk, is dit die volgende vers wat moontlik dié belangrikste is met betrekking tot ons geloof: "Verheug julle hieroor, selfs al is dit nodig dat julle 'n kort tydjie bedroef gemaak word deur allerhande beproewings sodat die egtheid van julle **geloof** *getoets* kan word. Julle geloof is baie kosbaarder as goud, goud wat vergaan. Selfs die suiwerheid van goud word met vuur getoets, en die egtheid van julle geloof moet ook getoets word, sodat dit lof en heerlikheid en eer waardig mag wees by die wederkoms van Jesus Christus" (1 Petrus 1:6-7).

Die bewys van Elia se geloof was vir God kosbaarder as goud, aangesien die resultaat lof, glorie en eer aan Hom was. God het nie ons geld nodig nie, aangesien al die goud en silwer (en alles in en op die aarde) in elk geval Syne is. God vra net dat ons 'n tiende daarvan sal gee en om dan ander ook daarmee te seën as 'n offergawe, om sodoende die vensters van die hemel oor ons oop te maak. Selfs in ons gee kyk Hy in ons siele om ons geloof te sien. Vertrou ons Hom of nie?

Snaaks dat finansies net toevallig die eerste voorbeeld is wat in my gedagtes opkom as ek oor geloof praat, omdat dit regtig is wat ek met jou wil deel. Hierdie week, het ek 'n klein wolkie in die pos ontvang, geld wat nie groter as 'n man se vuis was nie. So, net soos Elia heeltemal en totaal vol vertroue was dat deur net daardie klein wolkie te sien, dit beteken het dat die reën op die punt gestaan het om oor sy lewe uit te ***stort***, net so is ek ook heeltemal vol vertroue dat my reënbui ('n stortreën) op die punt staan om my finansies te tref. Vol vertroue word gedefinieer as "om seker te wees van die vermoë, oordeel en hulpbronne wat nodig is om te slaag" Ja, Here.

So, wow—dit som presies op wat ek wil sê: Ek het vertroue in God dat Hy die vermoë, oordeel, *en* natuurlik die hulpbronne het wat nodig is om my te help om te slaag. My vertroue is nie in myself nie—geensins! Om die waarheid te sê, ek weet dat ek nie die vermoë, oordeel, of hulpbronne het wat nodig is om te slaag in my nuwe posisie as enkelma van so baie kinders nie, ek het ook nie die vermoë, oordeel, of hulpbronne om self vir hulle te voorsien nie—dit is hoekom ek uitkyk vir die wolk wat die koms van die reënbui aandui.

"Nou het Elia vir Ahab gesê, "Gaan eet eers, want ek hoor al die **gedruis van die reën.**" Agab het toe gaan eet, maar Elia het na die top van Karmelberg toe opgeklim en terwyl hy daar na die aarde toe buig met sy kop tussen sy knieë, sê hy vir sy slaaf: "Gaan kyk in die rigting van die see!" Hy gaan kyk toe, en kom sê: "Daar is niks." Elia het vir hom gesê: "Gaan kyk weer." Dit het **sewe keer** gebeur. Na die *sewende* keer het hy kom sê: "'n Wolkie so groot soos 'n man se hand kom uit die see uit op." Elia sê toe: "Gaan sê gou vir Agab: Span in en gaan van die berg af, anders sal die reën jou vaskeer." Toe hulle nog praat het die lug donker geword van die onweerswolke; die wind het opgekom en groot reëns het uitgesak" (1 Konings 18:41-45).

Hierdie storie van Elia het begin met God wat 'n droogte veroorsaak het wat oor Samaria was waar hy gebly het. En hierdie droogte was deur God veroorsaak om Elia in 'n *posisie te* **plaas** om vir Hom glorie te bring (en om die bose in hulle land te vernietig). Dit is een van my absoluut gunsteling stories in die Bybel vir baie redes. Eerstens herinner dit my dat God elke situasie waarin ons onsself bevind opstel en dit plaas ons in 'n posisie om Sy krag te wys en ons te verhef. En wat maak dat ek wil skree en dans is om te getuig van die geloof van 'n man wat net 'n klein wolkie gesien het, terwyl hy regtig 'n stortreën *nodig* gehad en verwag het, wie, deur net 'n klein wolkie te sien, tot aksie oorgegaan het. Hoe fantasties!

Let op, selfs nog voor dit gehoor kon word, het Elia gesê dat daar 'n gedruis IS van swaar reëns. Dit herinner my aan die volgende vers wat ek vroeg in my reis gememoriseer het en wat ek gesê het een van my gunstelinge is, "Die geloof kom dus deur die **prediking** wat 'n mens hoor, en die prediking wat ons hoor, is die verkondiging van Christus." Wat hy gehoor het was God se woord wat sê dat ons Hom tot hierdie mate kan vertrou. Alhoewel Elia sy dienaar gestuur het om te gaan eet en drink, het hy agtergebly in gemeenskap met God. In Die Boodskap Bybel sê dit hy het, "neergebuig in diep gebed" wat ek ook kan voorstel hy gedoen het, of miskien het hy neergebuig om eenvoudig te luister.

Natuurlik, die beste deel is hoe Elia voortgegaan het, 'n volle 7 keer, om vir sy dienaar te sê om te gaan kyk—WETENDE dat die wolke sou kom! En weereens, dit was nie dat sy dienaar teruggehardloop het en geskree het dat hy 'n storm op die horison gesien het of dat 'n storm in hulle rigting gewaai het nie. Al wat hy gesê het was 'n klein wolkie niks groter as 'n man se vuis nie! So dit beteken dat dit nie is wanneer jy daardie groot tjek ontvang waarvoor jy gehoop het nie, maar iets so klein en onbenullig dat dit dalk nie eers een van jou agterstallige rekeninge sal kan betaal nie. Of, in die geval van genesing, dit is nie dat jy kan opstaan en loop nie, dit is dat jy net die ligste sensasie in een van jou voete kan voel.

Addisionele bewys van sy geloof is dat Elia nie gewag het om sy dienaar te stuur tot meer reënwolke gevorm het nie, maar met net hierdie klein wolkie vermaan hy hom om dadelik te gaan en waarsku hom om nie te wag nie, sodat hy nie in die stortreën vasgevang sou word nie en dit hom sou verhoed om almal te laat weet dat die reën op pad was!!

Hoe is dit vir opwindend? En, as jy regtig opgewonde wil raak, lees net 1 Koning 18 in sy geheel. Nee, nog beter, begin met 1 Koning 17, want dit wys vir ons iets anders oor God—Hy bou ons geloof op tot die punt dat ons ook net die klein wolkie sal sien vir ons om in totale geloof op te tree.

Wetende hoe Elia se geloof my seën, kan ek my net voorstel hoe dit God geseën het wanneer daar net 'n klein bietjie van die hele mensdom is wat Hom op daardie vlak vertrou het—en ek wil een van hulle wees. Wat van jou? Wat is jou vlak van geloof deesdae? Snaaks hoe ons Christene is. Ons eis dat ons 'n kragtige getuienis wil hê, maar ons wil nie deur die aaklige situasies en krisisse gaan wat daardie soort getuienisse produseer nie—die soort wat lewens verander as hulle ons geloof en vrede te midde van hulle sien. Terwyl ons nooit op onsself of ander staat maak om te help nie, maar eenvoudig wag, luister en vertrou dat Hy sal doen wat Hy belowe het.

Tog, soos met alle dinge, neem dit die Here en Sy liefde om ons te verander tot die graad wat ons hierdie soort geloof kan beoefen—en dikwels, beteken dit dat Hy die Een sal wees wat Ons dra—ons *deur* daardie krisisse dra wat ons wêreld ruk. Ek weet. Eerlikwaar, dit is gedurende die "dra my" krisisse wat ons regtig dramaties verander word. Ek raai dat wanneer Hy ons dra, rus ons naby aan Sy hart. Dit alleen behoort ons te help om nooit bang te wees vir watter katastrofes dalk vir ons voorlê om *deur* te loop nie. En as ons in Sy liefdevolle arms is, selfs met ons gesigte diep in Sy bors begrawe, weet ons dat Hy ons deur en oor alles kan bring, reg? Om dit net aan jou te noem het vir my vrede en vreugde te midde van my huidige situasie gebring. Ek hoop dit het dieselfde vir jou ook gedoen!

So voordat ons na die volgende hoofstuk beweeg, kom ons eindig hierdie een deur een van my ander gunsteling verse te lees en een wat ek onlangs gebruik het toe dit gelyk het asof daar geen hoop was nie.

"Al sou die vyeboom nie bot nie en daar geen druiwe aan die wingerde wees nie, al sou die olyfoes misluk en die lande geen oes lewer nie, al sou daar geen kleinvee in die kampe meer wees nie en die beeskrale sonder beeste wees, **NOGTANS** sal ek in die Here jubel, sal ek juig in God, my Redder. Die Here my God gee vir my krag, Hy maak my voete soos dié van 'n ribbok, op hoë plekke laat Hy my veilig loop" (Habakuk 3:17-19).

NLV: "**Tog**, ten spyte van alles, sal ek [**kies** om] my [te] verbly in die Here! Ek sal [*kies* om te] juig oor ['n seëvierende] God wat my verlos! Die oppermagtige Here is my krag [my bron van moed, my onoorwinlike leër]! Hy maak my voete [bestendig en seker] soos dié van 'n ribbok; op hoë plekke [van uitdagings en verantwoordelikheid] laat Hy my veilig loop [vorentoe vol geestelike vertroue]."

Die Boodskap: "**Al dra** die vyeboom nie vye nie en daar is nie druiwe aan die wingerd nie; al misluk die olyfoes en lewer die landerye geen oes op nie; al vrek die skape en die beeskrale is leeg, **sal ek** die Here met 'n hart vol blydskap dien. Ek sal ervaar hoe die Here my uit moeilike omstandighede red. Die Here wat as koning regeer, gee vir my die krag wat ek nodig het. Hy maak dit vir my moontlik om probleme sonder moeite te hanteer."

As jy sukkel om die Here te loof met totale en algehele geloof te MIDDE van krisisse, dan sal ek voorstel dat jy die boek *Prison to Praise* deur Merlin R. Carothers, koop of by jou plaaslike biblioteek uitneem. En as jy bekommerd is dat die Here die vure van jou lewe sal toelaat om te warm te word vir jou om te hanteer, wees seker jy lees 29 Oktober se "Streams in the Desert" toewyding, wat oopmaak met die vers, "...so sal Hy as regter gaan sit om die Leviete te suiwer om hulle te louter soos goud en silwer" (Maleagi 3:3) en die gedig eindig met:

> *So het Hy daar gewag met 'n wakende oog,*
> *Met 'n liefde wat sterk en seker is,*
> *En Sy goud het nie bietjie meer hitte verduur*
> *As wat nodig was om dit suiwer te maak nie.*

.

──── Hoofstuk 6 ────

Daardie Wonderlike Genade

Die **genade** van die Here Jesus Christus
en die liefde van God en die gemeenskap
van die Heilige Gees sal by julle almal wees.
—2 Korintiërs 13:14

Vanoggend het my dogter gedink dat ek die lugversorging in die kar aangehad het (terwyl dit vriesend was buite), sy het gevra of ek besig was om een van my warm gloede te kry. Ek het gesê nee, maar ek het vroeër die oggend 'n paar gehad.

Alhoewel ek nooit beplan het om iets so persoonlik met my kinders te bespreek nie, was hulle verrassend bewus gemaak van my kondisie deur 'n ou televisie sitkom wat hulle een middag gedurende etenstyd gekyk het. Pront-uit het een van my ouer seuns na my gedraai (die een wat geen filters het nie) en my gevra, aangesien ek "om en by daardie ouderdom was; was ek nie?" was ek "besig om deur my oorgangsjare te gaan?" Ek moes bieg dat, ja, ek was, alhoewel soos wat ek gesê het, ek het nooit beplan het om enigiets vir enigiemand te sê nie.

Baie persoonlike onderwerpe word nie net openlik op televisie bespreek nie, maar ook in die publiek en in die werkplek. Vrouens wat onoordeelkundig praat, selfs indiskreet reageer teenoor warm gloede en elke ander ding bespreek wat 'n vrou se lewe teister, baie openlik. Behalwe dat ek eenvoudig wil stilbly oor waardeur ek gaan en dit alleenlik met my Man wil bespreek, is my vraag "Waar is die genade?" Genade om ons te bedek en wat verberging voorsien vir dinge wat toegelaat moet word om privaat te bly. Of ek deur verlies in my lewe gaan, 'n verskriklike krisis, 'n warm gloed of nagsweet, of voel asof ek op 'n emosionele wip waentjie is, ek is desperaat om dit grasieus te doen en dit grasieus van die Here af te aanvaar sonder om aandag na myself te trek. Dit is nie omdat ek skaam is nie, dit is omdat ek wil hê dat my lewe die titel van Hom as 'n getuie moet hê, nie ek nie. "Julle is self ons aanbevelingsbrief, geskryf op ons harte, vir almal om te lees en te verstaan" (2 Korintiërs 3:2 Afr83).

Jare gelede, ek is seker dit was as gevolg van my onvolwassenheid voordat ek my herstel reis begin het, het ek glad nie moeilike situasies goed hanteer nie. Ek het dwaaslik geglo dat ek moet reageer; en het sedertdien geleer dat dit nie die geval is nie. Selfs al was ek dalk nooit so "sleg" soos ek dikwels in ander vroue aanskou nie, het ek nietemin slegter gevoel elke keer as ek wel ***ingegee het*** aan my gevoelens, ek het selfs **slegter** gevoel omdat ek *reageer* het. Meeste van ons het van sielkundiges gehoor (wie niks weet nie, omdat hulle gewoonlik vir ons die teenoorgestelde vertel van wat God in die Bybel sê) dat ons dit moet uitlaat soos 'n tee ketel. Het jy geweet dat hierdie teorie jare gelede verkeerd bewys was, maar word steeds wyd aanvaar as die waarheid?

Die waarheid is dat wanneer ons dinge uitlaat, voel ons dikwels erger en word ons gelos om ander mense se reaksies en gedrag te hanteer bo-op ons eie. Waar, ons mag dalk aanvanklik goed voel, maar hierdie goeie gevoelens hou nie lank nie, om nie te praat van die domino effek wat aan die gang gesit word nie; die nagevolge om die gevoelens te hanteer van die ander persoon/persone vir wie ons vertel het. Of die ander persoon in woede reageer of seergemaak en verwar is, nou word dit by die mengsel gevoeg. In my eie lewe, wanneer ek dit "uitgelaat" en *reageer* het, het ek besef dat ek altyd gelos was met skande, verleentheid en spyt omdat ek ingegee het aan my gevoelens. Dit is ook interessant dat elke keer wat daar 'n ooggetuie was, of iemand wat gehoor het wat ek gesê het, maak dit nie saak hoeveel keer hulle vir my gesê het (eerlik) dat dit "okay" was of dat hulle "verstaan" het nie, dit het nie my berou minder gemaak omdat ek soos 'n dwaas opgetree het nie en hoe die goeie opinie wat ander eens op 'n tyd van my gehad het, vir ewig verander het. En die meeste wat gesê het hulle verstaan, het regtig nie of kon nie.

Tog, as ons dit nie "uitlaat" of "stoom afblaas' nie, sal ons nie vinnig ontplof nie? Eintlik, nee. Nie as ons dit vir onsself hou op die manier wat dit bedoel was nie. Jare gelede, het die Here my gewys dat Hy ons in hierdie "druk situasies" hou om ons **harte sag te maak** net soos 'n stoompot doen! Nietemin, te midde van elke druk situasie, sal jy nie in staat wees om die deksel op te los nie (by wyse van spreke) tensy jy wat ook al dit is na die Here toe neem en die situasie by Hom los. Die beste gedeelte van met Hom daaroor praat is dat ons nie net wegloop en beter, vryer, en ligter voel (soos wat baie dit beskryf) nie, maar ons loop ook weg met **daardie wonderlike genade.** Dit was net vanoggend dat ek besef het dat die woord "*grasieus*," die oorsprong woord van daardie wonderlike woord *genade* het! Wow, ek hou daarvan. Bly by my terwyl ons bespreek hoe 'n stoompot werk, sodat ons in staat is om dit te vergelyk met wat God wil doen met die druk in ons lewens.

'n Stoompot is (ons beproewings is) 'n verseëlde pot met 'n *klep* wat die stoomdruk binne **beheer** ('n situasie waar GOD beheer hoeveel Hy sal toelaat). Soos wat die pot/beproewing warmer word, vorm die vloeistof/Sy liefde aan die binnekant stoom/trane, wat die druk in die pot/ons lewens opstoot. Die hoë druk stoom het twee groot voordele: Dit verhoog die kookpunt om die hoër hitte toe te laat om die kos/hart *vinniger* te kook/verander en soos wat die druk verhoog, forseer dit vloeistof/liefde in die die kos/hart (met ander woorde, hoë druk beproewings forseer Sy liefde in jou hart). Die hoë, aanhoudende druk (van die beproewing) help ook om die vloeistof/liefde en vog/Sy vrede *vinnig* in die kos/hart te forseer, wat help om dit *vinniger* te kook/voltooi en help ook om sekere kosse/harte, soos taai vleis/verharde harte, *baie **vinniger** sag* te maak. Ook, die geure/getuienisse wat in die stoompot geskep word, kan regtig diep en kompleks wees — anders as enige ander kook/proef metode.

Om die Here te bedank, het net nie soos genoeg gelyk wanneer ek dink aan Sy wonderlike genade van begrip nie; om te verstaan wat 'n voordeel dit is om soos 'n stoompot te voel! Die hitte of stoom wat ek gevoel het ek wou verduur, omdat soos alle beproewings wat ongemaklik is, weet ek hulle doen wonders vir my binneste.

Wat ek gedoen het om my te help om nie net die stoom te verduur nie (warm gloede of nagsweet), was om dit na die Here toe te neem het en ek het vir my Man gevra hoe ek grasieus daardeur kon kom. Wat Hy vir my gesê het, was om dit te omhels en Hy het my herinner hoe baie ek daarvan gehou het om in 'n warm bad of borrelbad te wees, of jare terug toe ek na 'n gimnasium toe gegaan het, om in 'n stoom kamer te gaan sit. Ek moes natuurlik lag, hoekom moes ek 'n ophef daarvan maak wanneer ek eenvoudig my oë kan toemaak en my verbeel dat dit regtig my Hemelse Man is wat my trakteer met iets spesiaal omdat Hy lief is vir my?! So die oomblik wat ek dit gedoen het, was ek nie meer bekommerd of bang wanneer my oorgangsjare simptome my sou "tref" nie, in plaas daarvan het dit 'n welkom herinnering geword van Sy liefde vir my.

Deur deursigtig te wees en iets te bespreek wat ek eerder nie sal wil bepreek of aan enigiemand onthul nie, as 'n vriendin, het ek gehoop dat deur my dankbaarheid vir Sy wonderlike genade in net een van my nuwer beproewings te deel, dit jou mag help om na die Here toe te gaan en Hom te vra om jou huidige kondisie te bekyk. Of jou kondisie fisies of 'n situasie is. En terwyl ek die verborge waarheid bespreek het oor hoe ons ons lewens grasieus kan lewe, het 'n vergelyking in my gedagtes opgekom wat ek gedink het jou mag help. Vandat ek die vergelyking onthou het (soos God in Sy Spreuke doen, om een uiterste teenoor die ander te wys), het dit het my gehelp om my neiging om dit nog steeds te wil "uitlaat" te oorkom of om dinge te onthul wat diskreet tussen "ek en my Man" gehou moes wees.

Vergelyking

Omtrent 13 jaar gelede, het daar iets gebeur waar ek gebly het en dit het wêreld nuus geword. Die wonderlikste hiervan was dat die persone wat betrokke was, ons intieme vriende was, lede van ons kerk. En die vrou was in my Wyse Vrou klas gewees; 'n vrou wat uitgesproke was.

Daardie dag, net soos baie van julle, het ek in ongeloof na my televisie gekyk, nie net oor die gebeurtenisse wat besig was om te ontvou nie, maar ek het meer geïntrigeerd geraak deur die reaksie van die egpaar as individue. Die man het geleer om baie stil te wees as gevolg van sy vrou se oorreaksie oor alles. Daar, op televisie, het ek toegekyk hoe sy, weereens, 'n bohaai gemaak het soos wat sy haarself geleer het om in haar lewe te doen (veral in haar huwelik). So, terwyl die televisiekameras regstreeks oor die wêreld heen uitgesaai het, het die kameras min gedoen om haar kwaai geskreeu stil te maak. Indien enigiets, aangesien sy agtergekom het dat sy 'n gehoor gehad het, het sy haar slegte gedrag begin vermeerder.

Omtrent sestien maande later het die nuusbulletin weereens die televisie programme onderbreek, kameras het weer in ons klein, onbeduidende dorpie gerol. Hierdie keer het ek met nog meer ongeloof na my televisie gekyk terwyl ek gesien het hoe een van ons naaste vriende geboei in die polisie hoofkwartier gesleep word. Baie later, gedurende die verhoor, het ek eerstehands hierdie man se vrou aanskou en kon nie verhelp om die twee vroue te vergelyk nie, die twee vroue wat ek persoonlik geken het.

Die laasgenoemde vrou, wat eens op 'n tyd 'n pastoor se vrou was, sou ek vergelyk met 'n vrou soos Jackie Kennedy toe haar man, President Kennedy, vermoor was. Dit was as gevolg van haar saamgestelde houding toe honderde kameras op haar gerig was, saam met skreeuende verslaggewers, waarvan almal 'n getuie was. Dit het haar onmeetlike **grasie** aan die wêreld gewys—ver bo wat iemand van ons ooit sou kon voorstel as dit met ons gebeur het. Die vrou en haar man was intieme vriende, met beide ek en my man (nou eks), wat die rede is hoekom ons agter haar gestaan het en haar ondersteun het. Ons het haar nie net emosioneel ondersteun nie, ons het hulle ook gehelp deur na hulle kinders en huis om te sien (soos my seuns wat die gras gesny het) en ons het ook gekies om agter haar te sit by die hofsaak wat wêreldwyd uitgesaai was. Ongelukkig was ons haar *enigste* ondersteuning—almal, elkeen van haar ander vriende, almal, het haar in die steek gelaat. Hoekom lyk dit asof Christene vergeet dat op "'n vriend se liefde jy altyd kan reken" en ons word die meeste benodig gedurende die slegste tye.

Maak nie saak hoeveel ek my vriendin en haar familie gedurende hierdie tragiese tyd in haar lewe gehelp het nie, wat vir dekades aangehou het (wil enigiemand van ons oor ons huidige situasie kla?), sy het my gehelp om eerstehands ware **koninklikheid** te sien. Ja, koninklikheid. Hierdie verfynde dame het uitgebeeld wat dit beteken om 'n kind van die Koning te wees, wie se naam Jesus is, en sy het haar kroon van grasie soos 'n prinses gedra. Ek het haar op haar beste en op haar slegste gesien, of sy voor die kameras of agter geslote deure saam met haar familie was, sy het dieselfde voorgekom. In perfekte vrede.

Niemand weet of my vriendin in haar gebedshoekie uitmekaar geval het nie, net haar Minnaar weet, maar wat ek aanskou het, het my lewe vir altyd verander. Haar voorbeeld het gemaak dat ek net soos sy wou wees en almal wat hulle koninklikheid soos 'n kroon gedra het toe hulle die ergste tyd in hulle lewens in die gesig gestaar het. Ek wil soos my vriendin wees wie ek van naby aanskou het en agter die skerms, wat ongelooflike, aaklige aanvalle in die gesig gestaar het, aanvalle wat enigiemand lewend sou aangryp, tog sy het sonder vrees daardeur geloop (of so het dit gelyk) met 'n stil en sagmoedige gees. Werklik 'n prinses aangesien ek geweet het haar ware Man, die Prins van Vrede, was altyd by haar, aan haar sy en dit het gewys.

Hoe ons reageer mag dalk nie die verloop van gebeurtenisse wat ons in die gesig staar verander nie, maar dit sal die newe effekte van skuld en skande verminder of die nagevolge van iets wat gesê was, want dit word by ons moeilike situasie gevoeg—wanneer ons openlik plek maak vir ons gevoelens. Daarom, die waarheid is dat dit ons nie sal help om beter te voel sodra ons dit "alles uitgelaat" het nie, maar in plaas daarvan, sal dit weereens 'n tyd wees wat ons gemis het om die *wonderlike genade* wat floreer, te eis en te benut: hoe donkerder die dag, hoe steiler die opdraande, hoe harder is die val.

Vir my, ek wil vir die wêreld wys (wat begin met my familie wat naaste aan my is) dat ons Man werklik is en Sy genade oortref al die moeilikhede van hierdie lewe. "Dit sê ek vir julle, sodat julle vrede kan vind in My. In die wêreld sal julle moeilikheid hê; maar hou moed: Ek het die wêreld klaar oorwin" (Johannes 16:33 Afr 83). Sy genade, gevind in Sy liefde, is wat vrouens help om te "glimlag vir die toekoms" wanneer die toekoms soos 'n diep, donker gat lyk. Dit is nie dat ons braaf is nie, nie regtig nie, maar dat ons weet Wie die toekoms hou en ons weet hoe Sy storie eindig. Laat ons ook nooit vergeet nie, dit is dikwels die "klein jakkalsies wat die wingerde verniel." Met ander woorde, dit is altyd die klein dingetjies wat ons moet aanpak en oorkom: dinge soos oorgangsjare, huweliks verlating, verwerping van familie, of finansiële ondergang. Net wanneer ons ons "self" verower te midde daarvan, kan ons die grotes verower wat dalk vir sommige van ons voorlê.

O, daardie wonderlike genade.

—— Hoofstuk 7 ——

Om God Te Glo Vir Groot Dinge

U verlossingswerk, o God, is oneindig groot;
groot is die dinge wat U gedoen het!
Wie is soos U, o God?
—Psalms 71:19

Net 'n paar minute gelede het ek vir my kinders totsiens gesê voor hulle kerk toe gegaan het. Hulle het regtig geen idee hoeveel ek elke week daaraan dink nie—om nie saam hulle te gaan nie. Ek het regtig gedink dat ek het op die plek gekom het waar dit nie meer saak maak nie, maar tot my verbasing, het die Here my laas week na twee dienste laat gaan. 'n Wel bekende evangelis het gepraat, iemand wat my ouer seuns gesê het ek nie moet mis nie. Eerlikwaar, ek het gedink dat ek dit sekerlik sou "mis," maar ek het die Here gevra en tot my verbasing het Hy gesê gaan. So toe gaan ek, was geseënd en ek was die geleentheid gegun om 'n aansienlike bedrag geld as 'n offerande te gee (lyk my die hoof rede vir my om na hierdie aanddiens te gaan).

My kinders, weet ek, het sommige van die mal dinge wat ek gedoen het bevraagteken. Meeste van hulle vrae het ontstaan uit die reputasie wat hulle pa oor my geskilder het. Geen twyfel dat dit was een van die dinge was wat hom meer na die wêreld toe gedryf het en die dinge daarvan om hom gelukkig te maak. Ek is seker, as ek terugkyk, dit was eenvoudig sy manier om hom 'n uitkoms te gee aangesien hy vir jare beplan het om weer met sy hoërskool meisie te verbind, elkeen het egskeiding beplan. Op daardie stadium het ek egter geen idee gehad dat hy sy denke en opinies met die ouer kinders gedeel het nie en eerlikwaar toe ek uitvind, was ek nie seker dat my reputasie by hulle ooit sou herstel nie. Tog, God het beloftes vir ons wat veel swaarder weeg as die negatiewe van die wêreld.

"By U, HERE, skuil ek. Laat my tog nooit **teleurgestel staan nie!** Bevry my, want U is getrou" (Psalm 31:1).

"Dié wat swaar kry, sien op na Hom en straal van blydskap, hulle word **nie teleurgestel in hulle verwagting nie**" (Psalms 34:6).

"By U, Here, skuil ek, laat my tog **nooit teleurgestel staan nie!**" (Psalms 71:1)

"Dié wat jou verdruk het sal na jou toe kom en buig, almal wat jou met minagting behandel het, sal by jou voete kniel . . ." (Jesaja 60:14).

"Toe sê Petrus: 'Kyk óns het van ons besittings afgesien en U gevolg.' En Jesus antwoord: 'Dit verseker Ek julle: Daar is niemand wat ter wille van die koninkryk van God afgesien het van huis of vrou of broers of ouers of kinders nie, of hy ontvang in hierdie tyd al baie keer soveel terug, en in die tyd wat kom, die ewige lewe.'" (Lukas 18:28-30).

Dit het geneem dat die Here my binne enkele weke na my egskeiding in 'n baie onheilspellende situasie geplaas het, deur te reis en finansiële gekheid, om die gety om te keer en my reputasie by my kinders het ook begin omkeer. Soos wat ek in vorige hoofstukke gesê het, ek leer nou hoe ons moet verwag dat ons deur groter, maller prestasies sal gaan wanneer ons besluit om God vir groter dinge te glo.

Dit is wat ek hoop om later vandag tydens middagete aan my kinders te verduidelik. Ek wil vir hulle vertel dat al hierdie ongelooflike en mal dinge wat ek nou doen, eenvoudig is omdat ek vasbeslote is om God vir groter dinge te glo.

Net 'n week gelede, het ek die geleentheid gehad om met almal van hulle te deel (sommige individueel), dat ek in myself nie 'n gebed het om dit te maak met alles wat teen my gekom het en voortgaan om te doen nie. Dit is net die Here wat in staat is om hierdie een baas te raak. Vandag wil ek hulle ook vertel dat Hy so liefdevol, oor die afgelope agtien maande, vir my ongelooflike getuienisse in my eie lewe gegee het, sodat ek dit kan oordink en daarop fokus, om te glo dat God my sekerlik deur hierdie tyd sal bring soos wat Hy vantevore gedoen het.

"God is nie 'n mens dat Hy sou lieg nie, 'n mens dat Hy van gedagte sou verander nie. Sou Hy iets sê en dit nie doen nie, iets belowe en dit nie uitvoer nie?" (Numeri 23:19).

"Ek is die HERE die God van al die mense. Is iets vir My onmoontlik?" (Jeremia 32:27).

"Ag, Here my GOD, U het die hemel en die aarde gemaak deur u groot mag. Niks is vir U onmoontlik nie. U bewys u troue liefde aan duisende geslagte, maar U straf kinders vir die sondes van hulle ouers. Groot en magtige God, u Naam is die HERE die Almagtige. U besluite is magtig, u dade groot. U sien alles wat die mense doen. U gee aan elkeen wat hom toekom, U beloon elkeen volgens sy dade" (Jeremia 32:17-19).

Waaraan Hy my herinner het terwyl ek die bogenoemde beloftes oordink en bepeins het, is dat die arend wat alleen vlieg en so skaars is, dat dit ons aandag trek—arende, soos kragtige Christene, is op die bedreigde spesies lys. Dit is hoekom dit my begeerte is om meer arende vir die Here te teel: en ek begin met my eie kinders, sowel as elkeen van die vrouens wat ek geseënd is om aan te moedig deur my bediening en ook RMI. Ha, my bediening. Dit is nog net een gebied waarvoor die Here my laat vertrou op Hom terwyl ek toekyk hoe dit 'n stadige, stil en pynlike dood sterf.

Tog, "Dít verseker Ek julle: As 'n koringkorrel nie in die grond val en sterwe nie, bly hy net een; maar as hy sterwe bring hy 'n groot oes in" (Johannes 12:24). Dit kan wees dat my bediening en my lewe soos wat ek dit ken, moet sterwe om die groot oes in te bring wat God beplan het. Dit beteken dat ek God deur die dood moet glo totdat dit tyd is vir my lewe en my bediening om weer opgewek te word.

Kosbare een, is jy vasberade om God nou vir groot dinge te glo? As jy is, dan moet jy verwag om teen groot en oënskynlike vernietigende opposisie te kom. Jou reputasie, die wêreld soos wat jy dit ken, dit sal alles dag-vir-dag en oomblik-vir-oomblik op die altaar geplaas moet word. Jou rede hoekom jy op God vertrou mag verander, soos myne het, of miskien is jy ver voor my en het die regte redes van die begin af gehad. Vir my, bereik ek hierdie vlak van geloof eerste, want dit was asof my lewe aan die brand was soos 'n brandende gebou. Ek het geweet dat ek die Here radikaal moes volg om sodoende my kinders en die vroue in my bediening te red.

Toe ek veilig uit daardie vuur (die egskeiding) was, het ek begin om radikaal vir *liefde* te lewe. Ek was Sy nuwe bruid en liefde was my motiveerder—die "verliefde" soort. Teen die tyd wat ek internasionaal gereis het, wat beteken het dat ek my kinders vir weke aaneen moes verlaat (onthou, dat hulle pa ook weg was en ek het hulle alleen gelos), het ek geweet dat dit 'n radikale, gehoorsame leefwyse sou neem om my familie deur te druk na wat aan die ander kant vir hul toekoms gewag het. Nie net wat my ywerige lewe vir hulle sou doen nie, maar watter invloed hulle kan hê om dit te aanskou.

Net vanoggend, het ek verstaan dat my motivering 'n bietjie anders is. Vandag sien ek wat dit gaan neem om die toppunt te bereik wat die Here my aanspoor om deur te klim—Sy liefde vir my. As ek in God wil glo vir groot dinge, is dit, my dierbare mens, wat dit gaan neem, en wat my opwaarts dryf, wat altyd was, en altyd sal wees, is

Sy liefde vir my en my toewyding aan Hom; dit is wat saak maak—dit is al wat saak maak.

"Daar is een groot wens in my hart en dit wil ek met my hele lewe najaag: dat ek my hele lewe lank by die Here mag wees. Sy wonderlike nabyheid wil ek [daar] dag en nag beleef. Ek wil ervaar hoe goed Hy vir my is. Ek wil weer en weer daaroor nadink wanneer ek Hom aanbid" (Psalm 27:4, Die Boodskap).

"Here, U is die enigste ware God. Niemand kan die dinge doen wat U doen nie. Selfs mense wat U nie dien nie, is u handewerk. Ook hulle sal nog kom om U te aanbid, Here. Hulle sal u Naam kom grootmaak en U eer. Ja, U is baie groot. U laat wonders gebeur. U is die enigste ware God." (Psalm 86:8-10 Die Boodskap). Laat ek die eerste wees om vir U die eer en die liefde te gee wat jy verdien in ruil vir alles wat jy vir my gedoen het, maak nie saak wat ek verloor nie.

———— Hoofstuk 8 ————

Jy Word Opgestel

Ek maak die lig en skep die donker;
Ek gee voorspoed en **skep rampspoed**.
Ek is die Here, Ek doen al hierdie dinge.
—Jesaja 45:7

Verskeie kere het ek die begeerte gehad om hierdie hoofstuk te skryf as gevolg van die feit dat dit lyk asof ek elke dag duideliker kan sien dat ek opgestel word. Wetende dat ek vir lesers skryf van verskillende kulture rondom die wêreld, is ek nie seker dat almal van julle duidelik die term "opgestel" verstaan nie. So voor ek verduidelik hoe en hoekom ons opgestel word (en deur wie), moet ek hierdie konsep vestig. 'n Eenvoudige definisie van *opgestel* word is "om te veroorsaak dat iemand gevang en geblameer word vir iets."

Noudat hierdie konsep basies gevestig is, kan ek aanbeweeg na waarom ek sien dat dit duidelik met my gebeur en sodat jy kan verstaan dat dit ook (heel waarskynlik) besig is om met jou te gebeur. Laat ek begin deur te sê dat vir meeste van ons om te besef dat iets met ons gebeur (soos om opgestel te word), moes dit dikwels al voorheen gebeur het. So laat ek jou terugvat en net een voorbeeld gebruik wat ek dink maklik sal verduidelik wat ek bedoel en hoe ek in staat was om te besef dat ons elkeen opgestel word.

In Mei vanjaar, was ek net besig om 'n toer in Asië te voltooi. Ek was in Hong Kong vir die vyfde keer en was eintlik daar om die stad te geniet voordat ek teruggekeer het huis toe (na 'n toespraak afspraak met 'n groep vrouens wat daar bly en wie deel is van RMI).

Daardie oggend was ek verheug omdat ek op die punt was om op die rekenaar met my kinders te praat en hulle te sien op 'n tyd wat ons ooreengekom het om te ontmoet. Net 'n paar minute nadat ons hallo gesê het, het my seun my gestop en gesê, "Pa sê hy wil met jou praat."

Wel, almal van julle ken die gevoel—ons weet dat ons op die punt staan om iets nuuts en waarskynlik moeilik in die gesig staar, veral wanneer jou eks-man vra dat al die kinders die kamer verlaat. Dit is toe dat hy in die rekenaar gekyk het en kalm vir my gesê het dat hy al die RMI bediening hulpbronne gaan vernietig (boeke en video's wat ek aangekoop het). Alhoewel ek net vir 'n paar weke weg was, het my gedagtes die bokse wat in my kantoor opgestapel was gevisualiseer en ook in my motorhuis waar ons die res geberg het. [Op daardie tydstip was ons in staat om die helfte van die prys van die boeke en video's te spaar deur bokse op 'n slag te aan te koop, so dit is wat ons gedoen het; dit was voordat my eks my verlaat het.] Op daardie oomblik, was God besig om my op te stel.

Soos wat ek voorheen in my boeke genoem het, meeste van ons wat al 'n ruk in die kerk was, is geleer om die duiwel te blameer vir enigiets "slegs" wat met ons gebeur, maar hoe meer ek sekere dele van die Bybel lees (wat vir een of ander rede nooit die preekstoele haal nie, of meeste Christelike boeke) en hoe meer ek hierdie oorvloedige lewe leef wat Hy gesterf het sodat ons toegelaat kan word om dit te leef, hoe meer sien ek dat dit God Homself is wie my en jou opstel.

"Ek doen dit sodat elkeen van die ooste af tot in die weste kan weet dat daar buiten My geen God is nie; Ek is die HERE, daar is geen ander nie. Ek maak die lig en skep die donker; Ek gee voorspoed en *skep rampspoed*. Ek is die Here, Ek doen al hierdie dinge" (Jesaja 45:6-7). Wanneer jy dit lees is daar nie eintlik 'n ander manier om dit te interpreteer nie.

Somtyds is dit die vyand wat aan die werk is of vra dat ons gesif word soos koring (soos wat hy gedoen het met die apostel Petrus), tog selfs dan—is dit God wat net hierdie demoniese figuur gebruik wat poog om sy vuil werk te doen—met die wete dat dit net sal bewys om ten *goede* vir sy slagoffer te wees. Onthou, die vyand het geen krag hoegenaamd nie, of krag gelykstaande aan die van die gelowige nie. "Julle behoort aan God, liewe kinders, en het die vals profete klaar oorwin omdat Hy wat in julle is, *groter is as die duiwel*" (1 Johannes 4:4). So ek het gekies om hierdie berugte klein figuurtjie te ignoreer net soos wat ek doen met 'n vlieg wat in my huis gekom het—hy kan irriterend wees, maar hou min bedreiging vir my in. Dit is hoe ek die vyand aan my drie jongste kinders verduidelik het terwyl ek hulle net laas week kerk toe gevat het: die vyand is irriterend maar skaars 'n bedreiging, net soos 'n lastige vlieg.

So, met hierdie beginsel, kan ons ook die mense in ons lewens (mans, eks-mans, ons baas, ons gemene skoonfamilie, of selfs die prokureur wat hulle verteenwoordig) in hierdie kategorie plaas van diegene wat ons nie kan skade aandoen nie. "Waarom is daar onrus onder die volke, waarom smee die nasies planne - en dit tevergeefs? Die konings van die aarde is in opstand, die leiers span saam teen die HERE en *teen Sy gesalfde* . . . Hy wat in die hemel woon, *lag* hulle uit, die Here spot met hulle" (Psalms 2:1-4). As Hy lag vir hulle nuttelose pogings, maak nie saak hoe dinge lyk nie, ons het die vertroue dat sodra die bose gedoen het wat dit bedoel was om te doen, sal die gety draai.

Om opgestel te word, soos julle teen die tyd weet, kom eers voor as iets sleg, wanneer dit in werklikheid, tot die teenoorgestelde *gevolgtrekking* sal lei—ons word eintlik deur God opgestel—sodat ons geseën kan word! Nou, as ons regtig geglo het dat elke teëspoed die voorwaarde vir seëninge was, nie vir verwoesting nie, en ons glo dat dit God was wat in beheer was en nie die duiwel nie, sou ons dan nie in staat gewees het om met entoesiasme eerder as met angs of vrees *daardeur* te gaan nie? Dit is waarvan God ons voortdurend probeer verseker regdeur die Bybel, maar in plaas daarvan kies ons angs en vrees, dikwels as gevolg van die gebrek aan hierdie beginsel wat behoorlik en baie meer gereeld geleer moet word.

Oor die afgelope twee jaar, soos nooit vantevore, sien ek die ongelooflike gebeur, as 'n resultaat van die: tragedie, ongelooflike aanvalle, en onregverdige behandeling wat ons in die gesig gestaar het. Die resultaat van vals beskuldigings teen my karakter was om opgestel te word en toe vereer te word deur mans en vroue rondom die wêreld (en vir my die belangrikste, vereer en gerespekteer te word deur my eie kinders). En die resultaat van die vernietiging van my boeke, was dat ek ook opgestel was. Nadat ek dit bespreek het en God saam met Erin vertrou het, is dit wat daartoe gelei het dat sy gevra is om by een van die grootste uitgewers ter wêreld te teken, en die boeke sal verkoop en gedruk word op aanvraag (met nuwe video's wat beplan word om aanlyn gekyk te word eerder as die nodigheid om die DVD te koop). Daarom sal ek (en RMI) nie meer nodig hê om in grootmaat aan te koop en te stoor nie, of om vir iemand te pos nie! Die Here het die las gelig sodat Sy bruide meer tyd kan spandeer om Hom net lief te hê en deur Hom bemin te word!!

Dit is waar hierdie nuutste reis begin het, onthou? Dit het begin met die feit dat ek my herstelde huwelik verloor het, weereens, verneuk is, en ook deur my eks-man gedagvaar was vir alles wat ek gehad het, wat soos jy weet, eenvoudig God was wat my opgestel het om my te seën—om uiteindelik en heeltemal die Here se beminde bruid te word—met 'n wittebrood wat my om die wêreld saam Hom gevat het!!

Natuurlik, die geseënde resultate is ook as gevolg van die regte reaksie. "Julle moet julle nie teen 'n kwaadwillige mens verset nie. As iemand jou op die regterwang slaan, draai ook die ander wang na hom toe. As iemand jou hof toe wil vat om jou onderklere te eis, gee hom ook jou boklere. As iemand jou dwing om sy goed een kilometer ver te dra, dra dit vir hom twee kilometer" (Matteus 5:38-40).

Soos wat ons in baie vorige hoofstukke bespreek het, as ons die kwaad of 'n kwaadwillige persoon weerstaan, mis ons wat die teëspoed gestuur was om *vir* ons te doen in die eerste plek. Dit, waaraan ek jou weer wil herinner, is waar meeste Christene lewe—deur die kwaad te weerstaan (om nie te praat van dit tot op die punt te neem om die seën te ontvang deur die aanvaller te seën nie).

Alhoewel nie almal die kwaad uiterlik weerstaan nie, weerstaan hulle verseker die kwaad in hulle gebede, wat dikwels is waarop die Christene hulle gebede fokus, hulle bid teen die kwaad. So aangesien God wel ons gebede hoor, mag die golf van aanvalle verminder, maar sal dikwels weer en weer terugkeer, in die hoop om te bereik waarom die teëspoed (en sy boodskapper) gestuur was. "So sal die woord wat uit My mond kom, ook wees: *dit sal nie* **onverrigter** *sake na My toe terugkeer nie*, maar dit sal doen wat Ek gedoen wil hê en **tot stand bring** waarvoor ek dit gestuur het" (Jesaja 55:11).

Jesus het deur die middel van die ergste teëspoed in die geskiedenis gegaan en was nie daarvan verlos nie. Alhoewel Hy gebid het dat die beker (van teëspoed) by Hom moes verbygaan, was Sy begeerte uiteindelik vir God se wil om te geskied. Hierdie hele beginsel, waarop Jesus se lewe gebaseer was, is een wat heeltemal deur die hedendaagse Christen oor die hoof gesien word—God se wil en om nie die kwaad te weerstaan nie. Daar is geen twyfel dat dit Sy wil is dat ons elkeen opgestel word nie—sodat ons geseën kan word en ook hoe God verheerlik sal word.

Voorbeelde

Dit was nie totdat die Israeliete opgestel was met baie meer onregverdige behandeling nie, wat teen die einde van die plae, hulle aanhouding afgesluit het toe hulle kapers hulle weggestuur het met alle "artikels van silwer en artikels van goud, en kledingstukke" van hulle nasie wat dit gebroke en "geplunder" gelos het (Eksodus 12:35-36).

Dit was nie **totdat Josef opgestel was** deur sy broers dat hy gevangene geneem was deur die Egiptenare en hy by Potifar se huis aangekom het, waar hy weer opgestel was deur sy meester se immorele, toe verwerpte vrou, wat hom toe tot jare in die tronk gelei het nie. Onthou dat Josef ook opgestel was deur die skinker wat "**Josef** nie onthou het nie, maar hom vergeet het" om nog een jaar in die tronk te spandeer totdat God die hele Egiptiese nasie opgestel het vir hongersnood. Hierdie hele opstel was in plek om Josef se eie familie te red en om Josef die leier van die nasie te maak net onder Farao.

Daar is baie vrouens uit die Bybel wat ook opgestel was vir grootheid.

Rut was opgestel deur die dood van haar man, skoonpa *en* swaer sodat daar geen mans in haar lewe was nie, net sodat sy in daardie spesifieke veld begunstig sou word waar sy 'n paar pitte versamel het sodat sy en haar skoonma kon oorleef. En waar haar toekoms begin het, deur haar man, Boas te ontmoet en wat deel was van die voorgeslag van Jesus Homself.

Ester was opgestel om die nuwe vrou van die koning te wees sodat die Joodse mense gered kon word (en sodat haar getroue nefie, Mordegai, ook vereer kon word).

Selfs **Maria, die moeder van Jesus, was opgestel** as 'n jong, ongetroude, swanger meisie om "geseënd te wees tussen vroue" as die maagdelike moeder van ons Redder.

God het nie al daardie voorbeelde in die Bybel vir ons gesit om nie te verstaan Wie daardie groot mans en vrouens van geloof opgestel het nie—en vir watter doel nie! Die doel van die kwaad (in die lewe van die gelowige) en hoekom God ons opstel het, weereens, is vir ons om geseën te word en vir Hom om die glorie te kry wat Hy verdien.

So, liewe mens, al die teëspoed en al die kwaad wat vandag teen jou kom, wees verheug! Jy word opgestel—God staan op die punt om jou te seën!!

"Geliefdes, **moenie verbaas wees oor die vuurproef** waaraan julle onderwerp word nie. Dit is nie iets vreemds wat met julle gebeur nie. Wees liewer bly hoe meer julle in die lyding van Christus deel, want dan sal julle ook oorloop van vreugde by sy wederkoms in heerlikheid" (1 Petrus 4:12, 13).

Dit sê Ek vir julle, sodat julle vrede kan vind in My. In die **wêreld** *sal* **julle dit moeilik hê**; maar hou moed: Ek het die wêreld klaar *oorwin*" (Johannes 16:33). Dankie Here!!

———— Hoofstuk 9 ————

Wat is die Punt?

As een van julle wysheid kortkom, moet hy dit van God bid,
en Hy sal dit aan hom gee, want God gee aan almal
sonder voorbehoud en sonder verwyt.
—Jakobus 1:5

Waarvoor het ek dit alles gedoen? Wat was die punt? Het ek regtig soveel **verloor** soos wat mense dink, of was ek regtig die wenner?

Normaalweg wanneer ek 'n hoofstuk begin skryf, begin ek met die titel. Dit is amper asof Hy my aanwysings gee vir waarheen Hy wil hê ek moet gaan soos wat ek begin skryf. Alhoewel ek glo ek weet wat ek met jou wil deel, waarheen ek op pad is, het ek nog nie duidelikheid oor hoe om dit genoeg op te som om 'n geskikte titel te skep nie. Ek sal begin en eenvoudig vertrou dat die Here my sal help om hierdie wonderlike openbaring met jou te deel, met of sonder 'n titel.

As jy enige van Erin se boeke gelees het, moes jy sekerlik op *'n Wyse Vrou* afgekom het, wat oorspronklik geskep was vir desperate vrouens wie, soos ek, hulself verlate of deur hulle mans verkul, bevind het. Dit was die hoogtepunt van wat die Here aan Erin geopenbaar het gedurende haar twee-jaar herstel reis, toe sy God gesoek het om haar huwelik te herstel. Sy verduidelik dat daar uit daardie boek, 'n kleiner boek getrek was om daardie vrouens te help om eenvoudig uit hulle krisis te kom (weereens diegene wat verlaat was of wie se mans ontrou aan hulle was), weereens soos ek, die titel was *Hoe God Jou Huwelik Kan en Sal Herstel*.

Nadat ek albei boeke gebruik het, soos meeste van julle weet, was my huwelik herstel en selfs voor dit, het ek Erin begin help met haar boeke en aanlyn bediening. Maar, toe my man my 'n tweede keer gelos het, skielik, na veertien jaar van herstel, het baie vrouens gedink dat ek grootliks verloor het, ek het ook gediskwalifiseer gevoel om Erin te help so toe bedank ek! Sommige vroue saam wie ek gewerk het, het my voor my bedanking van valsheid beskuldig en gesê dat *as* ek die vrou was wat ek verklaar het om te wees, *'n Wyse Vrou* gevolg het, en ander vroue aangemoedig het om ook die beginsels te volg, basies het hulle gesê dat as ek "gedoen het wat ek gepreek het," sou my man my nie verlaat het nie.

Gelukkig, deur vals beskuldigings en uit sy eie mond, het my eks man my eintlik verdedig by ons senior pastoor as die "perfekte vrou" en het later gebieg dat hy ook (hoe ek dit hanteer het voordat hy my die tweede keer verlaat het) gedink het dat ek vals was, maar dat ek "ongelooflik" eg was. Wow, net God, my liewe mens, net God kon hom aangehits het om dit te sê. En natuurlik het Erin gesê dat sy die ware ek geken het, en een of twee ander intieme vriende het hulle geloof in my bevestig. Maar as gevolg van wat gebeur het, het ek in my roeping as 'n minister begin betwyfel of om enigiets meer te hê om aan vroue te sê.

Toe die stof gaan lê het, en die aanvanklike krisis van die tweede egskeiding, addisionele hofsake wat hy ingedien het, en die aanvanklike finansiële ondergang bedaar het (natuurlik het ek myself nooit verdedig nie), het ek ook vrae gehad soos "Waarvoor was dit alles? Hoekom het ek geleer om daardie "perfekte" vrou te wees *as* ek na alles geen man sou hê nie. Wat sou ek doen aangesien my getuienis weg was, aan wie kon ek ooit bediening gee wat sou luister?"

Openbarings

Vinnig vorentoe. Dit is nou al 'n jaar vandat my egskeiding gefinaliseer is, so ek het nou al baie maande sonder 'n "man" geleef. Gedurende my baie dae en ure van reis rondom die wêreld, het die Here sedertdien baie antwoorde aan my geopenbaar wat ek glo baie van julle ook mee sukkel. Diegene van julle, wie soos ek, tot hierdie plan van aksie oorgegaan het om jou huwelik te herstel, maar jy, soos ek, is sonder herstel of 'n man in die huis en wonder: Wat was die punt? Selfs erger, jy voel asof jy 'n mislukking is. Want, kom aan, is dit nie daardie vrouens wat hulle "herstelde getuienisse" skryf wat die wenners is nie? Maak dit dan van jou, en nou ek, die verloorders?

Laat ek vandag hierdie mite verdryf en aan jou die waarheid openbaar wat jou sal vry maak—vry om verheug en bly te wees!

Ons het nie net *nie* verloor nie, liefling, ons het gewen!

Die doel van hierdie transformasie wat Hy in ons gemaak het was nie om enigiemand se vrou te wees nie, maar vir ons om Sy vir altyd bruid te wees—'n bruid van 'n Prins—die Prins van Vrede! Beteken dit dan nie dat ek en jy prinsesse is nie? Ja! En dit beteken dat jy belowe word (deur Iemand wat nie in staat is om te jok nie) om vir altyd behandel en gekoester te word soos 'n bruid wat ongelooflik bemin word. "God is so magtig en sterk. Juis met daardie krag werk Hy ook in ons. Hy kan en het dinge vir ons gedoen waarvan ons nie eens kan droom nie!" (Efesiërs 3:20 Die Boodskap).

Elke dag en in elke nuwe seisoen van my lewe, leer ek hierdie waarheid op wonderlike maniere!! Mag ek met jou deel wat mees onlangs gebeur het?

Laat Maart hierdie jaar, het die Here vir my gesê dat my lewe oor ses maande, wat September sou wees, totaal anders sou wees. Om dit te bevestig, het Hy vir my gesê "iets heeltemal ongelooflik sal in die volgende maand gebeur," April. Seker genoeg, in plaas daarvan dat RMI, hulle eie boeke publiseer, was hulle opgetel deur 'n groot uitgewer, 'n sekulêre een, wat hulle sal druk en uitgee. Dit is ongelooflik as gevolg van die boeke wat vernietig was, soos wat ek in die vorige hoofstuk genoem het, sodat waar ook al ek was, enige plek in die wêreld waarheen ek gereis het, ek eenvoudig vir enigiemand 'n afskrif van enigeen van die boeke kon pos wat my lewe verander het! Ook deur deel van my voortdurende inkomste te stop (om RMI boeke te verkoop), wat ek glo hy vernietig het om my finansieel te breek sodat hy toesig van my jonger kinders kon kry—God het 'n groter plan gehad deur dit toe te laat.

As jy die geskiedenis van RMI gevolg het, het Erin verduidelik dat jare gelede, toe hul eerste uitgewer nie kon bybly met die aanvraag nie, hulle *onsuksesvol* probeer het om enige Christen uitgewer te kry om selfs een van hulle boeke te publiseer! Oor en oor was hulle verwerp as gevolg van Christelike boek uitgewers wat gedink het dat hulle te radikaal was—en soos ons weet, is dit die enigste boeke wat die waarheid praat en deel! So dit is hoekom RMI begin het om hulle boeke self te publiseer. So om 'n sekulêre maatskappy te hê wat "tien titels publiseer om mee te begin" is werklik merkwaardig.

"Aan Hom wat deur sy krag wat in ons werk, magtig is om oneindig meer te doen as wat ons bid of dink, aan Hom kom die eer toe, in die kerk, deur ons verbondenheid met Christus Jesus, deur al die geslagte heen tot in ewigheid. Amen" (Efesiërs 3:20).

"Tog is die HERE gretig om julle genadig te wees en WIL Hy Hom oor julle ontferm: Die HERE is 'n God wat *reg* laat geskied, en dit gaan goed met elkeen wat op Hom vertrou" (Jesaja 30:18).

Hierdie nuwe gebeure, wat my net so veel geaffekteer het soos wat dit Erin en RMI geaffekteer het, het my laat wag met groot verwagting vir wat September sou inhou. Snaakse ding is (en ons almal doen dit), ek het my verbeel *presies* hoe ek geseën sou word. Ek was seker dit moes op die gebied van my finansies wees aangesien Hy sekerlik daar moes opdaag! So dit is waarvoor ek gewag het en wat ek geantisipeer het totdat die eerste Oktober opgedaag het. Gedurende die volgende week het ek probeer om sin te maak van alles. Ek het dikwels daaraan gedink om 'n hoofstuk te skryf oor hoe Lasarus en sy susters dit moeilik moes gevind het om te wag vir Jesus om op te daag, totdat dit *gelyk* het asof dit te laat was (maar hoe God hulle opgestel het vir 'n groter wonderwerk deur hom te laat sterf—maar dit is 'n ander hoofstuk). Sedertdien, in plaas daarvan dat my finansies vermeerder het, is my finansies nog steeds besig om 'n stadige dood te sterf. Nietemin, die Here het my herinner (dikwels genoeg), om te dink oor die storie van Lasarus wanneer ek met Hom praat oor hoe guur my finansies lyk. So dit mag wees dat die Lasarus hoofstuk kom. Maar, dit is nie waaroor hierdie hoofstuk gaan nie, ook nie hoe my lewe sou verander nie.

Sonder om dit te besef, het my lewe verander, dramaties! Maar kan jy glo dat ek dit amper gemis het? Dit was so subtiel dat die grootheid daarvan my ontwyk het. Jy weet, ek dink dit is wat met baie van die Jode gebeur het wat vir Jesus gewag het, hulle Messias, om op te daag. Hy het so subtiel gekom, in 'n krip en 'n timmerman se seun, so aangesien hulle gedink het dat hy as 'n koninklike aardse koning sou kom (met al die praal), het baie Jode dit gemis, hulle het Hom heeltemal gemis.

Wat was dit? Subtiel, skielik en ongelooflik, het ek besef dat ek eenvoudig 'n bly-by-die-huis mamma geword het! Ek het een oggend wakker geword en besef dat Hy my die begeertes van my hart gegee het wat ek wou gehad het voor ek my eerste kind gehad het. Gedurende my huwelik, het ek of deeltyds gewerk of my man gehelp in sy beroep en selfs toe hy 'n pastoor geword het. So jy vra (soos ek)—hoe is dit moontlik as ek 'n enkel ma van so baie kinders is, met geen onderhoud vir die kinders, en sekerlik nie onafhanklik ryk nie?

"Ek is die HERE die God van al die mense. Is iets vir My onmoontlik?" (Jeremia 32:27). "Ag, Here my GOD, U het die hemel en die aarde gemaak deur u groot mag. Niks is vir U onmoontlik nie!" (Jeremia 32:17).

Eerstens, kon ek nie hierdie seëning aanvaar as eg nie. Sekerlik moet ek "werk"—reg? Kom aan, weereens, kom ons wees realisties. Tog het die Here my oor en oor herinner aan my 25 jaar plus jare van getroude lewe, hoe Hy my opgelei het om daardie "perfekte vrou" te wees en dit was die rede, ek was nou nie net Sy vrou nie, maar Sy bruid. So, sou Hy verwag of wil hê dat *Sy* bruid moet "werk"? MAAR, wat van my kwynende finansies? Die Here het my een dag gevra, "Michele, as jy geleer het om nie jou aardse man te vra oor die kondisie van die familie finansies nie, en jy het hom vertrou met die oplossing en die las, hoekom is jy nou bekommerd wanneer jy 'n Hemelse Man het wat onbeperkte hulpbronne het?" Wow, dit het my sekerlik gehelp om dinge anders te sien!

Die Here het dit genadiglik uitgewerk, ek doen ook al die dinge wat ek lief is om te doen! Eerder as 'n werk om geld te maak, is ek vry om te skryf en voort te gaan om aan vrouens bediening te gee! Selfs die tekort aan finansies speel ook 'n rol daarin. As ek 'n salaris getrek het, dan sou ek te skuldig gevoel het om te doen wat ek doen: nietemin, die bietjie wat inkom is net genoeg om my lewe aan die gang te hou. En bediening is nie vir my werk nie—dit is my passie. En alhoewel ek geglo het dat omdat ek nie meer 'n herstelde huwelik het nie, dit my gediskwalifiseer het om 'n bediening te hê, het 'n herstelde huwelik in der waarheid net my bediening beperk. Elke lewendige vrou het Sy liefde nodig en verdien om Sy bruid te wees! Nie almal benodig of wil 'n herstelde huwelik hê nie—so deur my lewe te verloor (soos wat ek dit geken het) het ek my lewe gevind!!

"Toe sê Jesus vir sy dissipels: 'As iemand agter My aan wil kom, moet hy homself verloën, sy kruis opneem en My volg, want wie sy lewe behou, sal dit verloor; maar wie sy lewe ter wille van My verloor, sal dit terugkry'" (Matteus 16:24).

So wat van jou? Wat was Sy doel met jou om nie nou 'n eggenoot te wees nie; behalwe vir jou om Hom te ervaar as die Man van jou drome? Ek glo dit is om uiteindelik vir jou die begeertes van jou hart te gee—begeertes wat jy dalk oor die jare van vergeet het! Dit is so maklik om ons fokus te verloor wanneer ons lewensreis ons op 'n paadjie vat wat ons gedink het ons nooit sou neem nie. Nietemin, God het gehoor en onthou ieder en elk van daardie begeertes en het nie een vergeet nie, nie een nie.

So kosbare mens, vra die Here om jou te wys waarmee Hy besig is en wat jy dalk gemis het. Ek glo dat baie van julle eintlik die lewe lei waarvan jou drome gemaak is.

──── Hoofstuk 10 ────

Van Binne Na Buite

Ek sal julle 'n nuwe hart
en 'n nuwe gees gee . . .
—Esegiël 36:26

Dit was net verlede week wat ek my verwonder het hoe die Here my genees het van 'n verskriklike "wond van die hart" wat vir jare gesweer het. Meeste van julle versorg diep sere of hanteer pynlike littekens uit jou verlede: sommige uit jou kinderjare, ander uit jou moeilike huwelik. Sommige van julle, weet ek, soek hulp van sielkundige metodes wat blyk om te werk, maar aan die einde sal die genesing net oppervlakkig wees.

"Hulle pogings om my volk se wonde te genees, is **oppervlakkig**. Hulle sê: 'Vrede, vrede,' terwyl daar geen vrede is nie." (Jeremia 8:11).

Alhoewel ek nooit enige soort sielkunde of hulle metodes probeer het nie, het ek tevergeefs probeer om hulp by iemand anders as die Here te kry, so my pyn en sere het vir baie, baie jare gesweer—dit was tragedies—tragedies omdat ek na die Here toe kon gegaan het toe hulle vars was en hulle kon toe al heeltemal genees geword het. Selfs nou wonder ek hoekom ek gewag het om dit na die Groot Geneesheer toe te neem. Liewe mens, ly jy omdat jy versuim het om dit na die Een toe te neem wat jou van binne af na buite toe kon genees?

Persoonlik, het my pyn ontstaan omdat ek nie deur my man se familie aanvaar was vanaf die dag wat ons getroud is nie; ek het hulle eintlik nooit ontmoet toe ons weggeloop het nie. Toe hy hulle geskakel het na die seremonie, het my opgewondenheid verander in vrees omdat ek kon hoor hoe hy sy ma troos; toe gee hy vir my die telefoon en al wat sy gedoen het, was om te huil. Sy vader en broer het my ook in die familie "verwelkom" op dieselfde manier, minus die trane.

Die eerste keer wat ek sy familie ontmoet het was amper 'n jaar later toe ek alreeds swanger was met ons eerste seun. Alhoewel hulle probeer het om vriendelik te wees . . . wel, ons kan almal aanvoel wanneer ons nie aanvaar word nie of wanneer ons ongewens is. Dit het nie lank geneem om te hoor dat hulle wou gehad het my man moes met iemand anders trou nie, maar belangriker vir hulle, hulle wou gehad het dat hy eers Kollege moes voltooi voordat hy homself vestig. Daar was baie ander geskille wat hulle gehad het, almal van hulle was geldig; nietemin, die verwerping en tekort aan aanvaarding het 'n groot rol in ons huweliksprobleme en smart gespeel.

Om by die dilemma te voeg, het ons het ure weg van hulle met die vliegtuig gewoon, wat slegs gehelp het om die ooglopende verwerping te beperk tot telefoonoproepe en ongereelde besoeke, maar dit het ook gedien as 'n manier om my weg te hou om daardie plek van aanvaarding te verkry aangesien ons so ver van mekaar af gebly het.

In my onkunde en dwaasheid (vir meer as twintig jaar), het ek tevergeefs probeer om hulp van my man af te kry om die gaping met sy familie toe te maak. Aangesien ek hom gehelp het om 'n goeie verhouding met my familie te verkry (wie hom nie aan die begin aanvaar het nie), het ek gereken dat hy dieselfde vir my moes doen. Tog ek het nooit daardie beginsel verstaan totdat ek dit na Hom toe geneem het nie, toe Hy my gewys het, "Die mense moet jóú volg, nie jy vir hulle nie . . ." waarna die Here my gelei het om by te voeg "om hulp of genesing" (Jeremia 15:19). Selfs met hierdie vers, het ek dit nie in die begin gesnap nie.

Deurdat ek al daardie jare na my man toe gegaan het vir troos eerder as die Here, in plaas van hulp, of simpatie, of ondersteuning, het ek (keer op keer) beledigings gekry wat by die beserings gevoeg was. Hy het my die skuld gegee en sy familie se opinie van my regverdig. Ek het waarlik geglo wat my man oor my gesê het totdat ek dit na die Here toe geneem het en gevra het of dit die waarheid was. Die Here het onmiddellik my oë oop gemaak en my gevra of ek in staat was om met mense oor die weg te kom. Soos wat ek daaroor nagedink het, het die Here my toe gevra met wie ek gefaal het om mee oor die weg te kom (anders as my skoonfamilie) en ek was nie in staat om te dink aan selfs een ander persoon wie ek nie in staat was om oor te haal nie. Dit was toe dat Hy my vertel het dat hierdie probleem aan hulle kant was, nie myne nie, maar dit het nog steeds seergemaak. Ek weet dat jy weet wat ek bedoel.

Deur terug te kyk, vandag is ek totaal stom geslaan omdat ek gefaal het om te verstaan dat niemand my kon help om hulle aanvaarding te verkry nie, of om 'n beter verhouding met hulle te bekom nie. En daar was niemand wat my seerkry uit die verlede kon genees nie: nie ek nie, nie terapie nie, nie eers hulle aanvaarding kon die diep wonde genees nie. Die oomblik toe ek genoeg seergekry het, het ek uiteindelik na God toe gehardloop, my Vader, in my lyding. Is jy al daar my liefling? Selfs al kan jy 'n bietjie meer verduur, hoekom ly wanneer jy nou dadelik genesing kan kry?

Om die genesings proses te begin, het God my oë oopgemaak vir ongelooflike wysheid oor my situasie. "As een van julle *wysheid kortkom* moet hy dit van God bid, en Hy sal dit aan hom gee, want God gee aan almal sonder voorbehoud en sonder verwyt" (Jakobus 1:5). Eerstens het God my herinner daaraan dat ek en my man verskillende mense is met verskillende persoonlikhede. Ek het van hom verwag om my op te bou in sy familie se oë soos wat ek vir hom gedoen het met my familie. Klink logies, maar toe ek gevra het, toe ek na Hom toe gegaan het vir hulp, het Hy vir my gewys dat ek die vredemaker in my familie is en gesog is om dinge uit te stryk; my man is nie so nie (baie min mans is). So al daardie jare van aanneem dat hy kon of moes help, was dwaas.

Volgende het God aan my openbaar dat dit nie net ek was van wie my skoonouers nie gehou het of aanvaar het nie—ongelukkig het ek wakker geword vir die waarheid—hulle het nie van hulle eie seun gehou of hom aanvaar nie (my man destyds). So as hulle nie van hom gehou het nie, of aanvaar het nie, waarom sou hulle dan van my hou of my aanvaar? Laastens het God my my man se pyn laat voel om nie daardie aanvaarding van sy eie ouers te hê nie. Hy het my herinner dat my ouers my ongelooflik liefgehad het en ek was meer as aanvaar—my familie het my openlik gekoester. So hoekom het ek meer verwag as hierdie basiese behoefte van my man nie vervul was nie?

Tog, ons doen almal, doen ons nie? Ons wil alles hê. En daardie soort selfsug en selfgesentreerdheid, vir jare, kon gelei het na 'n gladde helling. Dikwels, in my ellende, het ek teruggedink aan al die ouens wie se huweliksaansoeke ek van die hand gewys het en hoe *hulle* families gedink het ek was so wonderlik. My genade—so dwaas! Hierdie soort terugblik na die "wat as" het net tot die pyn en lyding bygevoeg en soos ek gesê het, dit kon daartoe gelei het dat ek gereageer het op daardie gevoelens. Dit is slegs deur God se Genade dat ek nie het nie. Hierdie, my kosbare mens, is die soort gedagtes wat dadelik neergewerp moet word terwyl jy na Hom toe hardloop. Dit is egter duidelik dat die Here hierdie deurlopende ellende gebruik het, saam met elke ander lyding in my lewe, as Sy manier om my te verfyn en om Hom meer intiem te leer ken, om vandag met julle te kan deel. Ja, alles het ten goede meegewerk. Vandag is ek vry van pyn en lyding met 'n ongelooflike getuienis! Laat ek voortgaan . . .

Met die wysheid en God se standpunt wat my eie vervang het, was my genesing wel op pad. Maar voordat ek vir jou vertel wat God vir my gesê het om te doen, moet jy belowe om nie hierdie "metode" in jou eie situasie te probeer nie (selfs al is dit eenders as myne), want wat die Here wil hê jy moet doen is om na Hom toe te gaan met jou eie voorskrif, moenie myne gebruik nie. Dit is hoekom God ons toelaat om deur dinge te gaan, sodat ons Hom kan begin hoor en saam met Hom kan verkeer. Ooreengekom?

Wat die Here vir my gesê het om te doen het so eenvoudig gelyk, te eenvoudig—Hy het eenvoudig vir my gesê om elke week 'n kort nota aan my skoonma te skryf, asook een aan my skoonpa.

Die eerste keer wat ek gesit het om te skryf het ek gesidder toe ek onthou het hoe ek dit voorheen "probeer" het om hulle te help om my te leer ken; net om deur my man uitgeskel te word toe sy ma hom geskakel het en gekla het dat ek geskryf het om oor *my* kinders te spog. Ek was verstom, aangesien ek basies dieselfde brief aan my eie ouers geskryf het en hulle was verheug. So toe ek gestop het sodat ek Hom kon vra, het Hy my daaraan herinner dat my ouers baie lief was vir my en hulle was baie lief vir my kinders. Daarom was dit vir hulle wonderlik as ek hulle vertel het van elke wonderlike ding wat elkeen van hulle gedoen het.

So, liewe mens, hier is nog 'n punt gedurende jou genesing: wees seker om vir die Here te vertel van enige vrese wat jy het; Hy is altyd gereed met meer wysheid en begrip wanneer ons harte oop is. Wanneer vrees in ons pad staan, weereens, moenie ander vertel van jou bekommernisse nie—neem elkeen na die Here toe sodat Hy jou kan bevry van jou vrese en jou kan help om te doen wat jy aanvoel Hy jou vra om te doen.

Vir my, het die Here hierdie ongemaklikheid om nie te "spog" nie, genees deur my 'n visioen te wys van die klein nota kaartjies wat ek in my laai het. Hy het gesê dat deur iets baie klein te gebruik, dit nie sal toelaat vir baie skryfwerk nie. Al wat Hy vir my gesê het om te doen, was om "in verbinding te bly." So het ek toe my eerste twee notas geskryf, in die pos gesit en beter gevoel. En sodat ek nie daaraan hoef te dink nie, het Hy my gelei om 'n kennisgewing op my rekenaar te sit sodat ek elke Woensdag sonder faal sou skryf. Nog 'n onmiddelike verandering in my was dat ek uiteindelik nie nodig gehad het om met my man te praat oor die plan nie. Dit was 'n groot verandering. Ek het besef, nadat ek oor en oor na Hom toe gegaan het, dat dit tussen my en die Here was. Wat 'n keerpunt, om nie te voel dat ek nodig het om te noem wanneer ek iets ontdek het wat ek geweet het my lewe sou verander nie. Ek het uiteindelik besef dat om die Here se plan te deel met enigiemand anders, sou dikwels veroorsaak dat ander die eenvoudige idee sal spot of my vertel wat ek eerder moet doen.

So elke week, vir amper twee jaar, het ek my klein nota kaartjies geskryf. Die resultaat het net 'n paar weke later begin toe my skoonma begin het om terug te skryf; sy het hulle egter nie direk aan my geskryf nie, maar het hulle aan ons familie gerig. Eers het dit my man laat wonder hoekom sy geskryf het eerder as om te bel soos wat sy altyd gedoen het, maar weereens het ek uiteindelik ook geleer, van die seëninge van daardie stil gees in so baie situasies waar ek altyd te veel gesê het in plaas daarvan om net stil te bly.

My skoonpa, aan die ander kant, het glad nie my briewe erken nie, wat verbasend reg was met my. Dit het nie saak gemaak wat enigiemand anders op hierdie stadium gedoen het nie, wat ek geweet het was dat dit God se voorskrif was vir my genesing—niks meer nie, niks minder nie. Dit was eers toe my man vir sy pa gaan kuier het, wat hy my brief bo op sy pa se stapel pos gesien het en 'n bietjie geskok was toe sy pa vir hom die brief van my af oorhandig het, waarop sy pa gesê het, "O, sy skryf elke week," en het dit neergesit sonder om dit oop te maak of te lees. Toe my man by die huis gekom het, het hy my daaroor uitgevra, ek het 'n baie kort antwoord gegee omdat die Here vir my gesê het om 'n antwoord voor te berei. Toe hy gevra het hoekom ek hom nie daarvan vertel het nie, het ek eenvoudig gesê, "O, omdat dit tussen my en hulle was om 'n beter verhouding te verkry." Nie net was ek besig om te genees nie, maar die Here het ook vir my meer van daardie "stil gees" gegee waarna ek gehunker het aangesien dit so kosbaar is vir God, saam met wysheid wat ek geleer het, maar ek het nie geweet hoe om dit toe te pas nie, soos uit 1 Petrus 3:13-15, "Wie sal julle kwaad aandoen as julle beywer vir wat goed is? Maar selfs as julle sou ly omdat julle doen wat reg is, moet julle dit as 'n voorreg beskou. Moenie vir mense bang wees of julle laat afskrik nie. In julle harte moet daar net heilige eerbied wees vir Christus die Here. Wees *altyd* **gereed** om 'n antwoord te gee aan elkeen wat van julle 'n verduideliking eis oor die hoop wat in julle lewe. Maar doen dit met *beskeidenheid* en met **eerbied** vir God."

Hoe baie van julle, kosbare mense, soos wat ek vir so baie jare gedoen het, deel deurlopend julle harte en julle pyn met ander net om meer pyn en lyding te ervaar, om dan dikwels meer beledigings by jou beserings te voeg? Weereens, wat Hy begeer om te doen is om jou genadig te wees, om jou te help, jou te genees en jou te troos. Dan, wanneer ons tyd saam met Hom spandeer het, alles uitgelê het, selfs bekommernisse wat ons het om Sy voorskrif te volg, sal ons genesing begin. Dan, net so belangrik, moet ons hierdie dinge in ons harte wegsteek, koester en hierdie dinge in ons harte nadink, eerder as om hulle met ander te deel—om ons tyd te gee om te genees. "Maria het alles wat gesê is, onthou en telkens weer by haarself daaroor nagedink" (Lukas 2:19).

As ons faal om hierdie skatte verborge te hou totdat ons genesing voltooi is, kan dit vergelyk word met 'n gebreekte been wat gespalk word, net om weer gebreek te word deur wrede woorde of spottery. Of om 'n gapende wond te hê wat toegewerk is, net om daardie fyn steke uitmekaar te trek.

In plaas daarvan, leer by Maria, koester en steek dit wat die Here jou vertel weg, hou dit diep in jou hart en dink dikwels na oor die waarhede. En, weereens, sal dit die stil en sagmoedige gees wees wat bo alles wen, "Nee, julle skoonheid moet dié van die innerlike mens wees: blywende **beskeidenheid** en **kalmte** van *gees*. Dit het by God groot waarde. (1 Petrus 3:4).

Eendag het my voorskrif van weeklikse notas skryf tot 'n einde gekom, dit was die dag na my man in ons slaapkamer ingeloop het om aan te kondig dat hy op pad is na die prokureur se kantoor om van my te skei. Soos wat dit die afgelope drie jaar gedoen het, het my rekenaar kennisgewing opgekom om vir my skoonouers te skryf. So toe stop ek om vir die Here te vra of ek moet voortgaan om vir hulle te skryf, waarop Hy geantwoord het "Dit is klaar." Tot my volslae verbasing het ek op daardie oomblik besef dat daar absoluut geen pyn en smart was nie. Daar was nie 'n oop seer nie, daar was ook nie eers die kleinste litteken van jare en jare van pyn verby hoop nie!

Om alles te hê wat "ten goede meewerk" skiet so kort van my dank aan die Here. Honderde kere sedert my egskeiding, het ek gedink hoe maklik dit was om nie emosioneel aan my skoonouers gebind te wees nie, noudat ek nie meer met hulle seun getroud is nie. Baie van julle is egter na aan julle skoonouers, en om hulle te verloor het dubbel so moeilik geword. Vir jou, liewe mens, kom jy weg van hierdie hoofstuk en voel hoe maklik dit sou gewees het as jy soos ek was en nie gebind was aan die skoonouers nie. Moenie herhaal of met ander deel hoe jy hulle mis nie—in selfbejammering vir jou verlies val nie, wat baie gevaarlik is. In plaas daarvan, besef dat jou kuur, soos myne, kom direk daarvan om God te soek, en ook jou Magtige en medelydende Geneesheer, wie jou perfekte voorskrif geskryf het en vir jou wag—as jy eenvoudig by Sy voete gaan sit en vra. "Tog is die HERE gretig om julle genadig te wees en wil Hy Hom oor julle ontferm: Die HERE is 'n God wat reg laat geskied, en dit gaan goed met elkeen wat op Hom vertrou" (Jesaja 30:18),

Nou vir die epiloog: Die titel vir hierdie hoofstuk was alreeds in my notas toe die mees ongelooflike ding gebeur het. Dit was al meer as sestien maande sedert my egskeiding gefinaliseer was, toe ek 'n brief van my eks-skoonma gekry het waarin sy my *gesmeek* het om haar te vergewe. Sy het gesê dat ek altyd haar skoondogter sou wees en dat sy wou hê dat ons weer vir mekaar moes skryf. Het jy al agter gekom dat as ons nie meer desperaat is vir iets nie, (behalwe om desperaat te wees vir die Here en Sy liefde) dat ons uiteindelik kry wat ons gedink het ons nie sonder kan lewe nie?

Ek het nie geweet wat om te doen in verband met die brief nie, ek het na my slaapkamer toe gegaan om met die Here te praat oor wat Hy wou gehad het ek moes doen. Dames, dit is toe wat ek besef het dat ek opgestel was (sien hoofstuk 8). Eerder as om aan haar terug te skryf, het die Here vir my gesê om vir my eks-man 'n epos te stuur en hom te vra om die ding met sy ma te hanteer. Aangesien vergifnis ook beteken ons moet vergeet, was ek geskok toe my eks-man terugskryf met dieselfde giftige, wrede woorde wat ek vir jare ervaar het! Weereens ontnugter, het ek na my kamer toe gegaan om die Here vir wysheid te vra (en troos hierdie keer) om te weet wat ek verkeerd gedoen het. Die Here het liefdevol vir my gesê dat, ja, inderdaad was ek opgestel sodat die pyn van verwerping so vars was dat ek hierdie hoofstuk maklik kon skryf met baie meer gevoel—maar dit is nie al nie. Noudat ek verstaan en die beginsel uitleef om die kwaad met die goede te oorkom, die ekstra myl te loop, en regtig my vyande te seën—was ek ook opgestel vir 'n seëning—deur my eks-man *en* my eks-skoonma te seën!

Eerstens het Hy my gelei om te antwoord op my eks-man se epos met hoe reg hy was, en om hom te bedank vir sy hulp! In sy epos was my eks-man vinnig om ook my bediening te kritiseer, en veral my as 'n bedienaar deur te sê "dat ek die geleentheid mis om 'n 'herstelde verhouding' getuienis te hê om te deel (hy het verwys na my ek-skoonma.)" Daarby het ek aangevoel dat hy my dophou, so toe vra ek die Here of ek paranoïes was of my verbeel. So, deur Sy leiding te volg (deur hom te vra om die situasie met sy ma te hanteer), het God my gewys dat hy my huwelikswebwerf besoek, en dikwels na RMI toe kom om lofverlae te lees (aangesien hy na hulle albei verwys het). Dit het my ook laat besef dat Hy vir my kreatiewe maniere wys om meer diskreet te word.

Kosbare een, ek weet ek is nie die enigste een wat gespot en uitgevra word oor wat jy doen nie. As jy nie dinge in jou hart wegsteek nie, as jy nie na Hom toe gaan nie, vir jou voorskrif wat alreeds uitgeskryf is, as jy hoop jou metode of enigiemand anders s'n sal jou genees of enige pyn verlig, hoop ek dat wat ek met jou gedeel het, die manier wat jy dink sal verander en reageer om jou seerkry te genees. Baie van julle bevraagteken julself nou as gevolg van wat ander vir jou gesê het of oor jou te sê gehad het. Beminde, voordat jy wrede woorde ter harte neem, neem hierdie verklarings na die Here toe om te sien wat Hy daaroor sê, net soos ek gedoen het (waaroor ek meer in die volgende hoofstuk gaan praat.) Maar vir nou, laat my die afsluiting van hierdie epiloog deel...

Terwyl ek besig was om my skoonma te antwoord, het die Here my herinner aan iets wat ek vroeër daardie oggend gelees het. Ek was besig om bediening te gee aan 'n vrou wie, soos ek, 'n man gehad het wat weer getroud is. Op die webwerf, het dit gesê, "alhoewel ons klem lê op verhoudings herstel, moedig ons nie 'n eks-vrou aan om 'n verhouding met haar voormalige skoonouers te koester wanneer haar eks-man weer getroud is nie. Ons moet, ten alle tye, altyd dink aan ander as meer belangrik as onsself." "Moenie jou deur die kwaad laat oorwin nie, maar oorwin die kwaad deur die goeie" (Romeine 12:21). Dit is toe dat ek geweet het wat Hy van my vra en my laat doen het.

Eerder as om voort te gaan om vir haar te skryf, soos wat sy gevra het, het ek my skoonma geantwoord en 'n tjek ingesluit vir haar om haar *nuwe* skoondogter uit te neem vir ete, sodat sy weet dat sy alleen nou haar skoondogter is.

Toe ek begin het om hierdie hoofstuk te skryf (wat ek begin het maar dit het vir 'n tydjie gesit), ek het verwag dat haar briewe sou stop. Nietemin, het dit twee keer aangehou. My eks-skoonma het begin om vir my geld te stuur, en die tweede keer wat ek geantwoord het, het ek die bedrag verdubbel, en haar toe gevra om in plaas daarvan my eks-man se nuwe vrou uit te neem vir ete gebaseer op, "Maar Ek sê vir julle; Julle moet julle nie teen 'n kwaadwillige mens verset nie. As iemand jou op die regterwang slaan, draai ook die ander wang na hom oe. As iemand jou hof toe wil vat om jou onderklere te eis, gee hom ook jou boklere. As iemand jou dwing om sy goed een kilometer ver te dra, dra dit vir hom twee kilometer" (Matteus 5:39-41).

Is dit nie altyd opwindend om te sien hoe God in ons lewens werk en in die lewens van ander nie? Dit is nie genoeg om eenvoudig die ander wang te draai nie; die ware seëninge kom om diegene te seën wat jou vir jare minagtend gebruik of vervolg het, en om dan voort te gaan wanneer jy gedink het die verhouding is verby. Dit dikwels gaan verby redenasie—jy is in staat, deur die ervaring, om eintlik die Here se liefde in jou hart te voel pols. En dit is wanneer jy besef dat elke pyn en/of kwaadgesindheid heeltemal weg is, vervang is met 'n krag so manjifiek dat dit ons gered het terwyl ons nog sondaars was—hierdie krag is Sy liefde.

Die finale brief was gestuur, toe sy weereens geskryf het en geld gestuur het. En soos vantevore, het ek dit na die Here toe geneem om te vra wat Hy wou gehad het ek moet doen. In my finale brief het ek die dubbel verdubbel en my eks-skoonma gevra om haar nuwe skoondogter en haar vier nuwe kleinkinders (my eks-man se stief kinders) uit te neem vir pizza. Hy het my my brief laat beëindig deur haar te laat weet dat ek nie reg voel oor ons geskrywery nie, wetende dat dit die potensiaal het om haar nuwe skoondogter en die nuwe huwelik seer te maak, ek het haar bedank dat sy so 'n wonderlike skoonma vir my was. So ek sou liefdevol daaraan dink deur nie meer enige verdere briewe van haar oop te maak of te lees nie. Gelukkig het ek nie weer van haar gehoor sedert daardie tyd nie.

Wat het of mag gebeur is nie iets wat ek kies om aan te dink nie, want ek weet God werk agter die skerms, en wat ook al aangaan bekommer my nie. My enigste bekommernis is en behoort te wees, hoe ek gefokus bly op my nuwe en pragtige Man wat ook net toevallig die ongelooflikste Geneesheer is, geweek in Sy liefde, soos Hy voortgaan om my lief te hê en my van binne na buite te genees. .

─────── Hoofstuk 11 ───────

Skuldig aan Alles

As iemand die hele wet onderhou,
maar in een opsig struikel,
is hy **skuldig** ten opsigte
van al die gebooie.
—Jakobus 2:10

Wat laat enigeen van ons dink dat ons kan opweeg?

Wanneer sal ons werke uiteindelik hul finale dood sterf en ons die vryheid toelaat om Oorvloedig te leef as gevolg van Sy genade en gebaseer alleenlik op Sy liefde?

Een van die stadigste sterftes wat ek ooit aanskou het, somtyds met afgryse, was hoe my finansies aangeval is. Dwarsdeur hierdie boek het ek openlik gedeel oor die wipwaentjie rit wat my finansies geneem het, elkeen help my om te verstaan en om op Hom te vertrou met waarheen dit ook al op pad mag wees. Vandag, meer as ooit tevore, is ek vol vertroue dat God op die punt staan om iets te doen en Hy sal onversetlik Sy glorie met niemand deel wanneer Hy dit doen nie. Dit is hoekom Hy ons *werke* van die vlees toelaat om verwoes te word. Selfs die mees subtiele poging van my kant of joune sal nooit slaag nie, prys die Here.

Die mees onlangse draai van gebeure het Saterdag gebeur. Ek was geseënd om 'n vriendin van my, my buurvrou, in my huis te onthaal. Dit is regtig nogal nuut vir my aangesien ek dalk al gedeel het dat terwyl ek getroud was, was my eks-man glad nie gemaklik met my wat vriendinne gehad het nie, of selfs om persoonlike vriendinne te gehad het nie, hy het geglo dat hy die enigste vriend was wat ek nodig gehad het. My nuwe Man, wat my nie verbaas nie, glo anders! Is ons nie geseënd om 'n Man soos die te hê nie?!?!

Terwyl sy gekuier het, het ons 'n wonderlike tyd gehad en meestal oor die Here gepraat. Wat my as snaaks opgeval het, "Hy wat in die hemel woon, lag hulle uit" (Psalm 2:4), was dat sy toevallig 'n draai kom maak het terwyl my eks-man daar was om ons kinders te besoek. Ons het eintlik vriendinne geword toe ek my huis wou herfinansier na my egskeiding; iets wat my man vir my gesê het om te doen. En aangesien ons destyds nog nie wettiglik geskei was nie, het ek die herfinansiering van my huis ingedien. Net voordat sy weg is, het ons begin praat oor finansiële wysheid, dinge wat ek moet en nie moet doen nie om 'n ferm fondasie te bou vir 'n soliede finansiële toekoms.

So terwyl sy my gehelp het, het sy ewe skielik iets genoem wat sy gesê het ek "nooit moet doen nie," wat ek eintlik begin doen het terwyl ek gereis het. Weereens moes ek lag, wat ek luidkeels gedoen het, toe ek haar vertel het dat ek een van die mees basiese finansiële beginsels verbreek het. My vriendin het geskok daar gesit, nie net oor wat ek gesê het ek gedoen het nie, maar omdat ek daaroor gelag het! Die eerste oorsaak van my vermaak was omdat ek onmiddelik besef het dat die Here my opstel. Ja, aanvanklik mag dit gelyk het asof ek opgestel was vir vernietiging, maar in werklikheid, sodra enigiets hopeloos lyk, het ek geweet Hy was in werklikheid besig om my op te stel vir 'n seëning, 'n ware finansiële wonderwerk!

Raai wat? As gevolg van my *klein* tegniese puntjie, as gevolg van hierdie foutjie wat ek gemaak het, het my liewe vriendin en buurvrou verduidelik dat sy nie in staat sou wees om my te help om my huis te herfinansier nie. Basies, wat ek uitgevind het toe ek probeer het om my huis te herfinansier, was dat ek afgekeer was omdat my eks my finansiële reputasie geruïneer het as deel van die egskeiding. Dit het gelyk asof hy bykomende papiere ingedien het (waarvan ek onbewus was), deur 'n aansienlike "oordeel" teen my in te dien. Sy het gesê dat dit uiteindelik my finansiële portefeulje vir 'n volle tien jaar sou ruïneer.

Aangesien dit my eks was wat wou gehad het dat ek die huis moet herfinansier, het ek aan hom verduidelik dat die papiere gewys het dat hy tyd gehad het om sy oordeel terug te trek en deur te verduidelik wat die lang termyn effek op my (en die kinders) sou wees. Alhoewel hy onmiddelik ingestem het, het hy 'n dag of twee later geskakel om te sê dat sy prokureur hom gewaarsku het om my nie te vertrou nie. So die "oordeel" sal sonder twyfel deurgaan, daarom sal ek wag op die geleentheid vir hoe Hy wil hê ek hom moet seën. Alhoewel dit natuurlik is om te wil verset of iets te doen, om bonatuurlik te lewe is wat Hy gesê het ons moet doen, "Maar Ek sê vir julle: Julle moet julle nie teen 'n kwaadwillige mens verset nie. As iemand jou op die regterwang slaan, draai ook die ander wang na hom toe. As iemand jou hof toe wil vat om jou onderklere te eis, gee hom ook jou boklere. As iemand jou dwing om sy goed een kilometer ver te dra, dra dit vir hom twee kilometer. Gee aan hom wat iets van jou vra, en moet hom wat van jou wil leen, nie afwys nie." (Matteus 5:39-42). "Ten slotte; Wees almal eensgesind, medelydend, liefdevol, goedhartig, nederig. Moenie kwaad met kwaad vergeld of belediging met belediging nie. Inteendeel, antwoord met n seënwens, want daartoe is julle geroep, sodat julle **die seën van God** *kan* **verkry**" (1 Petrus 3:8-9).

Wetende dat ek vir Hom moes wag om vir my te wys hoe ek my eks moes seën, het ek my fokus verskuif na die nuus van my tegniese foutjie, toe die Here 'n opwindende waarheid aan my openbaar het wat ek graag wil deel. Die Here het aan my openbaar dat ek en jy nooit, ooit, moet probeer om enigiets te doen om Hom te help nie, want wanneer ons dit doen, dit Hom van die glorie sal beroof wat ons getuienis moet vergesel wanneer dit in ons lewens arriveer. Hy is vasberade om hierdie beginsel te bewys: "Julle is inderdaad uit *genade* gered, deur **geloof**. Hierdie redding kom nie uit julleself nie; dit is 'n *gawe* van God. Dit kom nie deur julle eie verdienste nie, en daarom het niemand enige rede om op homself trots te wees nie" (Efesiërs 2:8-9). God red ons dag-vir-dag uit genade, uit ieder en elk van ons beproewings, wanneer enigiets teen ons kom—as Sy "geskenk" gebaseer op Sy liefde vir ons, nie gebaseer op hoe ons dit verdien het nie. Dit is net soos ons redding, ons werke het nie en sal nie help nie. Hoekom? Sodat ons nie kan spog dat ons enigiets daarmee te doen gehad het nie! En dit help ook wanneer ons ons getuienis deel sodat enigiemand kan ontvang wat hulle van 'n liefdevolle en 'n vrygewige Vader nodig het.

Wat Hy my gewys het, gebaseer op wat ek uit onkunde gedoen het, was—dat ek skuldig aan alles was—as gevolg van een tegniese foutjie. Dit beteken dat ek nooit uit my ewig groeiende, groot finansiële krisis sal uitkom nie, wat skrikwekkend vir my moet wees, maar in alle eerlikheid, is dit nie. In plaas daarvan bewys dit dat, weereens, net God hierdie gemors kan omkeer en my uit die skuld grawe wat op die punt staan om my te begrawe. Net God sal in staat wees om my te seën tot op die punt dat ek 'n getuienis sal hê om te deel met ander wat ook finansiële verwoesting in die gesig staar (miskien ook as gevolg van 'n egskeiding soos myne). So belaglik as wat dit mag klink, dit laat my eenvoudig glimlag.

Snaaks dat dit ook veroorsaak het dat ek Hom vir 'n ander manier genader het om my eks-man te seën (wie toevallig besoek afgelê het),om hom te seën omdat hy nie sy woord gehou het om die "oordeel" teen my terug te trek nie. Die Here het my gewys dat 'n nuwe detail soos dit, die potensiaal gehad het om een van daardie "klein jakkalsies" te word waarteen Hooglied ons waarsku wat die "wingerde vernietig."

So eerder as om dit te waag, het ek met blydskap die Here gesoek vir hoe ek hom onmiddelik kon seën, aangesien dit hy was wie my (en ons gesin) in hierdie onseker posisie geplaas het.

Sonder twyfel of uitstel, onmiddelik nadat ek verstaan het wat Hy my gelei het om te doen, het ek opgestaan en in die gang af geloop, toe ek om die draai kom, was hy daar, so ek kon hom maklik vertel wat ek aangevoel het die Here my gevra het om te doen. Wat ek hom vertel het, was dat elke keer wat hy besoek afgelê het, ek wou gehad het dat hy die ouer moes wees en die besluite moes neem en planne saam met die kinders moes maak, terwyl ek basies in my kamer sou wees. In plaas daarvan om te knies oor my situasie en finansiële verwoesting, het ek gevind dat dit eintlik vir my 'n mini-wittebrood gegee het saam met my Beminde—so ek was eintlik dubbeld geseën!! Om te sê dat my eks-man meer as net verbyster was, is 'n onderstelling, terwyl hy 'n "dankie" gemompel en gestotter het, het ek my kamer binne gegaan en my deur toe gemaak, en hom verstom in die gang gelos.

In my ondervinding om ons "vyande" te hanteer, is dit eenvoudig nie genoeg om dit grasieus of nederig "te vat nie" (nie teen die kwaad te verset nie). Ons moet dit deurvoer en verder gaan as om nie te daarteen te verset nie, ons moet God soek vir hoe ons 'n *seëning moet gee* wat gelykstaande is aan waarde of dieselfde werd is. Dit is net dan wat ons bitterheid van hart vervang word met 'n lewe in *paradys*—en nie eenvoudig net 'n vlaag vreugde of vrede ervaar nie. En die enigste manier om die regte seëning te vind om te gee, is om die Here te vra wat om te gee.

Asseblief, kosbare een, moenie te kort skiet om jou vyande te **seën** as gevolg van vrees vir wat jy mag verloor nie (selfs al is dit jou selfrespek). **Dit is in die gee wat jy kry, in die nederigheid wat jy verhef word**. Dit is die enigste rol wat ons speel in ons ontwikkelende getuienis. Dit is *nie* hoe ons elke beginsel tot die letter volg nie, dit is 'n hart saak, hoe ons gewillig is om alles oor te gee en besef dat net God in staat is om ons ten volle te bevry of om ons te genees. My hoop is dat my finansiële getuienis, soos wat dit ontwikkel, bewys dat selfs wanneer ons uiters versigtig is om **al** die beginsels wat ons geleer het te volg, ons maklik kan verloor of gediskwalifiseer word deur 'n eenvoudige tegniese *foutjie*, iets wat maklik gemis of oorgesien word. En dit beteken dat ons eenvoudig

skuldig aan alles is omdat nie een van ons perfek is nie. Net die Here is perfek en Hy het die krag, plan en die vermoë om ons te red en te bevry van daardie vallei wat ons onsself in bevind. Noudat Hy Sy kragtige belofte weereens aan ons openbaar het, laat ons eenvoudig in Sy liefde rus terwyl ons op Hom vertrou met al die besonderhede van ons lewens!

———— Hoofstuk 12 ————

Elke Las

Laat ons elke las van ons afgooi,
ook die sonde wat ons so maklik verstrik
—Hebreërs 12:1

Meeste van ons ken, of het iemand gehoor wat na hierdie vers verwys: "Terwyl ons dan so 'n groot skare geloofsgetuies rondom ons het, laat ons **elke** *las* van ons afgooi, ook die *sonde* wat ons maklik verstrik, en laat ons die wedloop wat vir ons voorlê met volharding hardloop, die oog gevestig op Jesus, die Begin en Voleinder van die geloof . . ." (Hebreërs 12:1-2). Alhoewel ons dit gehoor het, is ek seker dat ons almal sal saamstem dat die *las* en die *sonde* waarvan gepraat word, ons eie is. Ek het egter net onlangs myself in 'n web van laste bevind wat nie my eie was nie, wat my in 'n hele nuwe lig laak kyk het na hierdie beginsel.

Vandag, soos nog nooit vantevore nie, sien ons vrouens (en sommige mans) wat openlik hulle probleme en persoonlike sondes met die wêreld deel deur middel van televisie, en meer onlangs, sosiale media. Dikwels is daar 'n gehoor vol mense, meestal vrouens, wat hulle opinies skree (of plaas), baie vir wie die mikrofoon of platform gou gegee word om hulle woede uit te spreek of om eenvoudig vir daardie persoon te vertel wat hulle moet of nie moet doen nie. Op televisie lyk dit asof die gasheer of gasvrou (of regter) die finale woord het en word gesien as 'n deskundige om die sosiale siektes op te los wat voor ontelbare, obsessiewe "kanni-genoeg-kry" oë en ore vertoon word.

Sonder om dit te besef, het hierdie programme en sosiale media ons almal se lewens nadelig geaffekteer deur ons aan te moedig om met ons eie sondes, en die sondes van ander, by ons familie, vriende, bure en selfs vreemdelinge, te pronk. Deur deel te neem, bevind ons onsself gou verstrik in 'n menigte probleme en sondes, ander s'n en ons eie, wat swaar op *ons* druk en *ons* vreugde steel. Dit begin nie net met ons vreugde steel nie, maar verweer ons geloof en sedes, want saam met wie ons uithang is uiteindelik wie ons sal word.

Belas en Verstrik

Net verlede week het ek 'n getuienis ingedien oor my suster se genesing. Ek het verduidelik dat die direkteur van haar groepshuis my geskakel het oor my suster se probleem met depressie en hulle wou gehad het dat ek haar in 'n psigiatriese hospitaal moes laat opneem, so ek het onmiddellik God gesoek vir wysheid. Hy het my gevra om Hom te vra vir "die bron" en ons het gou ontdek dat die depressie was as gevolg van die medikasie wat sy geneem het, vir depressie! Dit was egter vinnig nadat hulle die medikasie gestop het, waarvan sy afhanklik geword het, wat sy nie kon slaap nie, so sy het my elke oggend geskakel om te kla (en my op 'n manier te blameer vir haar tekort aan slaap). Klink dit bekend?

Wanneer ons in ander mense se probleme betrokke raak, sal ons vinnig verstrik raak en dan bevind ons onsself in 'n web van hulle laste, gemeng met ons eie probleme wat ons alreeds moet hanteer. Die oomblik toe ek my suster gehelp het en betrokke geraak het, het ek gevind dat haar direkteur en al die ander inwoners haar ook "gehelp" het met meer advies oor verskillende medikasies, en baie wou gehad het dat sy 'n berader moes sien vir haar depressie. Wel, jy kry die prentjie: een probleem het 'n web van probleme geword, gevul met deurmekaarheid en verwarring.

As my suster se versorger, het ek nie die luuksheid om weg te loop nie en is ietwat betrokke, nietemin is dit belangrik dat ek versigtig is om nie vasgevang te word nie. In hierdie hoofstuk, wil ek ons almal aanmoedig om 'n tree terug te gee om te kan sien in hoeveel webbe ons verstrik is, waarvoor ons God moet soek om ons daarvan te bevry: met familie, vriende, bure en medewerkers. Vandag mag jy besef dat jy nog steeds in die sondes van jou eks-man, sy meisie, ens. verstrik is, omdat jy vind dat jy aan hulle probleme dink, en dan die web vergroot deur dit met jou eie vriende of familie te bespreek. Dit kan jou ouer kinders wees wie nie is waar hulle behoort te wees in hulle geestelike of finansiële lewens nie, wat jou verstrik. Miskien is dit jou bejaarde ouers, of moontlik wat gebeur terwyl jou jonger kinders hulle pa (en haar!) besoek.

Dit is wat ek in my eie lewe gevind het wat my beroof het van intimiteit met die Here. Selfs nadat Hy my geleer het om vinnig al *my* probleme vir Hom te gee, en Hom te vra om enigiets te hanteer wat my selfs die *geringste* probleem of bekommernis gee, het ek dit onwetend gedoen met die probleme wat nie myne was nie.

Net sodat jy weet hoe ek dit met my eie probleme gedoen het, dit is eenvoudig om te leer. Wanneer enige probleem of bekommernis in my gedagtes opkom (soos wanneer ek wakker word en nie weet wat ek gaan doen oor iets nie), sê ek net, "Liefling, ek gaan jou nodig hê om vandag vir my om te sien na (wat ook al). Dankie my Liefde." Dan beweeg ek aan om oor iets anders te praat, gewoonlik om Hom te vertel hoe lief ek Hom het en dikwels praat ons oor al die wonderlike dinge wat Hy die dag vantevore vir my gedoen het.

Nadat ek opgestaan het, wanneer ek verby iets in die huis stap wat my probleme gee, soos herstelwerk of 'n skoonmaak dilemma (soos die mat op my trappe), noem ek dit net aan Hom, en weereens vertel ek Hom om vir my te wys wat om te doen. Dan wag ek eenvoudig en vertrou Hom, en as dit weer in my gedagtes opkom, gee ek dit eenvoudig weer en weer vir Hom. Meeste van ons was geleer in *'n Wyse Vrou* om vir ons aardse man te sê dat ons hom vertrou, so doen dieselfde met jou hemelse Man omdat Hy ook mal is daaroor om dit te hoor.

Nogtans, alhoewel ek bevry is van miljoene van my eie dilemmas, het die versoeking my aanhou pootjie met ander mense se probleme, veral my eie kinders s'n. Aangesien ek nou kinders het wat volwassenes is (oor die ouderdom van 18 jaar), is dit makliker vir my om hulle aan te moedig om hulle eie oplossings te vind en my toe te laat om nie verstrik te raak nie. Nietemin, soos baie van julle, het ek jonger kinders wat in die huis bly, so dit is waar ek vind dat ek ingetrek word. Deur

God te soek vir wysheid, het Hy my herinner dat met my ouer kinders, ek altyd probeer het om dit as geleenthede te gebruik om Bybelse beginsels te deel wat ek in my eie lewe uitleef. En ek het ook probeer om versigtig te wees om seker te maak dat dit hulle is wat die finale besluit neem oor wat om te doen (veral, om die Here te soek vir die antwoord), dit vir hulself te doen—eerder as wat ek verstrik raak in die besluit, wat by hulle moet rus. Nie net sê dit doen nie, maar om seker te maak dat dit doen.

Gelukkig, nadat Hy dit vir my gewys het, het die Here my net hierdie naweek gelei om die einste ding met my jongste dogter te doen wat net tien is. Sy het baie druk van haar pa gekry om te trek en voltyds by hom te bly; saam met hom, sy vrou en haar kinders, en sy het gesê dit is waar sy wil bly. Aan die ander kant, kry ek net soveel druk van my ouer kinders af om te keer dat dit gebeur, omdat hulle vir my vertel dat as ek net geweet het "wat regtig daar aangaan" ek haar sou keer.

Dit is toe dat ek van die geleentheid gebruik gemaak het om elkeen van hulle te herinner aan die beginsel van die vader en die verlore seun: hoe die vader eintlik die seun aangemoedig het om te kry wat hy gesê het hy wou gehad het deur hom sy erfenis te gee (voor die tyd), en dat hy eintlik geweet en erken het dat dit sy seun se sonde sou bevorder het. (Lees Lukas 15:11-32.) Ek het verduidelik dat die rede hoekom God vir ons hierdie gelykenis wys, is om vir ons te wys dat deur nie in die pad van ander te staan nie, dit die vinnigste en sekerste manier is, vir enige persoon, om te uit te vind dat wat hulle *gedink* het hulle wou hê, nie werd is wat hulle uiteindelik sal verloor nie. Natuurlik, het ek hulle herinner dat God nie in die pad sal staan wanneer ons wil hê wat verkeerd is nie, en die vers in Psalm 1 sê dit duidelik, "Dit gaan goed met die mens wat nie die raad van die goddeloses volg nie, nie met sondaars omgaan en met ligsinniges saamspan nie...(Psalm 1:1 Afr 83). Hierdie sessies met my ouer kinders dien om hulle, en my te herinner aan die beginsels wat deur die kerk oorgesien en ongeleer word.

Dan, net gister, weereens, was ek in 'n ander verstrengeling gestoot deur een van my seuns wie nie wou gehad het dat ek nog geld vir sy ouer broer moet leen nie, wie hy glo finansieel onverantwoordelik geword het. Ek moes weereens vir hom vertel dat die Here vir my gesê het om "vrylik te gee" wanneer ek *gevra* word, terwyl ek my seun herinner het (wie sy bekommernis uitgespreek het) dat God alles ten goede sal omdraai vir alle partye. Alreeds het die Here openbaar dat die finansiële verstrengeling waarin hy geval het, hom daarvan weerhou het om vorentoe te beweeg in 'n verhouding wat ons geglo het dalk nie God se plan is vir hom nie, 'n bevestiging. En om hierdie beginsel te versterk en die gesprek te stuur om oor ons eie sondes te praat, het ons elkeen begin om 'n paar van ons eie foute te deel wat ons meer geleer het as wanneer iemand ons gestop het om die les op die harde manier te leer. Gou was my seun nie meer bekommerd nie, maar het saamgestem dat die Here in beheer was en het besef wat is die seëninge van uit die pad staan van ander—wie dalk self op moeilikheid afstuur.

Wat van jou?

Is jy oortuig dat om in die pad van ander te staan jou plig is? Of kan jy nou sien dat dit net die proses van berou verlangsaam terwyl dit jou ook verstrengel, en jou vreugde steel?

Maar wat as die persoon op pad is na sonde toe en jy weet hulle sal gou verstrik raak en afgetrek word deur allerhande laste? Na wat ons geleer het, sal jy aanhou om jouself te laat verstrik eerder as om dit vir die Here te gee, en God toelaat om dit ten goede te gebruik? In hoeveel verstrengelings het jy jouself vasgevang gekry wat *nie* jou eie is nie?

Dit is waar dat alhoewel die potensiële verstrengelings uitstekend is om te "onderrig wat goed is" vir diegene wat vra, sodra jy die waarheid gedeel het, is jy altyd in staat om terug te tree en hulle toe te laat om die waarheid te volg sodra jy dit gedeel het, selfs as hulle verkies om die waarheid te ignoreer?

So dikwels vind ek dat baie mense onmiddelik die waarheid sal omhels, maar nooit daarop reageer nie, soos wat dit sê in Matteus 13:20, "Die man weer by wie daar op die klipbanke gesaai is, is hy wat die woord hoor en dit dadelik met blydskap aanneem. Hy laat dit egter nie by hom wortel skiet nie, en hy hou nie lank uit nie…" Laat God toe om die klipbanke op te breek in die harte van die mense rondom jou. Wanneer ons dit doen verafsku hulle ons. Tog, as ons God toelaat om dit te doen, kan ons daar wees wanneer hulle gebroke is, help om hulle aan te moedig om die Here se liefde te aanvaar— maar net wanneer ons voortdurend in Sy liefde gebaai is.

Vandag besef ek dat ek net begin om te verstaan dat dit nie genoeg is om net my eie sondes en laste neer te lê nie, ek moet ook vasbeslote wees om doelbewus nie verstrik te raak in die webbe van ander mense se lewens nie, insluitende en veral diegene wat naaste aan my is en vir wie ek die meeste lief is. Die voortdurende en enorme probleme van my eie lewe, alles wat ek onlangs beleef het, het weereens ten goede uitgedraai; Hulle het my gehelp om ten volle weg te loop van verstrengeling met ander mense, wat hulle los om deur die Here gelei te word of die nagevolge van hulle sondes te ervaar—uiteindelik wanneer ons almal meer leer omdat ons daardeur gegaan het. So, net soos wat ek met my probleme en bekommernisse gedoen het, sal ek nou gelukkig al die probleme of bekommernisse wat ek vir ander het, aan my Beminde Man gee wat net so bekommerd is oor my geliefdes as wat Hy vir my is!

Ja, probleme mag aanhou om my te omring, maar ek verkies om hulle vir die Een te gee wie die krag en wysheid het om dit te hanteer. Dit maak my weereens vry om eenvoudig in Sy arms te knuffel en verwonderd te wees oor Sy liefde. "Dit is my beminde en dit is my vriend…" (Hooglied 5:16)

───── Hoofstuk 13 ─────

Daardie Stemme

…omdat ek vir die **manskappe** bang was
en na hulle **versoek** geluister het.
—1 Sameul 15:24

Is daar enigeen van ons wat nie oortuig was deur wat ander mense vir ons gesê het nie? Ek twyfel of enigeen van ons so goed gegrond en naby genoeg aan die Here is dat wat vir ons of oor ons gesê word, absoluut geen effek het op hoe ons voel of wat ons uiteindelik doen as 'n resultaat van ander mense se opinies nie.

Jy mag dalk 'n moeder of 'n vader, baas of man, of selfs 'n eksbaas of eksman hê wie se woorde jou gedagtes aanhoudend bombardeer en onrus aan jou siel verskaf. Vir een of ander onbekende rede omhels ons outomaties kwetsende woorde en verkies om hulle te glo—selfs as die persoon later terugkom om terug te trek wat hulle gesê het. Mense sê dikwels snydende woorde wanneer hulle seergemaak of gefrustreerd is. Ongelukkig, omdat ons glo dat hulle bedoel wat hulle gesê het, *verkies* ons om vas te hou aan wat onvermydelik swaar op ons druk en ons vreugde steel. Wat is die geneesmiddel?

Wonde wat Gesweer Het

Jare gelede was ek in die middel van so 'n verskriklike geestelike stryd wat diep binne my huwelik gevestig was. My man (destyds) het gesukkel (soos nog altyd) met selfwaarde. Wanneer enigiemand wat jy ken of liefhet met hierdie probleem sukkel om nie waardig te voel nie, word dit dikwels deur daardie persoon reggestel deur jou (en ander mense) skaamteloos af te kraak om beter oor hulself te voel.

Wat gelyk het soos die soveelste keer, het my man my vir amper 'n uur laat sit en my veroordeel omdat ek nie die boek gevolg het waaruit ek onderrig gegee het nie, *'n Wyse Vrou*, en wat die groep vroue wie ek geleer het sou dink as hulle my *regtig* geken het. Dit was na daardie soveelste keer dat ek *uiteindelik* wat hy gesê het na die Here toe geneem het en Hom gevra het of dit waar was. Ek het nooit die geldigheid daarvan bevraagteken nie en eenvoudig aangeneem dat my man reg was. Wow, was ek verkeerd. Wat ek gehoor het was heeltemal anders en dit het letterlik my lewe verander. Dit het gehelp om die woorde stil te maak wat normaalweg oor en oor in my eie kop sou gespeel het en my laat twyfel het of ek regtig aan ander vrouens moet bediening gee.

Jy weet, my Liefling, **dat wanneer ons die waarheid hoor, maak dit altyd die leuens stil**. Dit is hoekom ons, wat ook al ons hoor (veral 'n slegte verslag oor onsself) na die Here toe moet neem en met Hom daaroor praat—moenie wag totdat dit onmeetbare skade aangerig het nie, maar dadelik, onmiddellik. Die waarheid is, ons weet dit is gewortel in die vyand wat dit sy missie gemaak het om te steel, dood te maak en ons te vernietig—om ons sodoende waardeloos en onwaardig te laat voel in sy stuurhuis, reg? So hy gebruik diegene wat hy alreeds gewond en *gevange* geneem het en laat hulle onvriendelike en snydende woorde uitspoeg wat hy hulle aanhoudend voer, en dan luister ons—en verkies om die leuens as die waarheid te glo "Julle weet tog: as julle julle aan iemand onderwerp om hom as *slawe* te gehoorsaam, is julle die *slawe* van dié een aan wie julle gehoorsaam is. As dit *sonde is, beteken dit vir julle die dood*; as dit gehoorsaamheid aan God is beteken dit vryspraak en lewe." (Romeine 6:16).

So hoekom hou ons aan om in hierdie web van verwoesting te speel wanneer ons Beminde hunker om ons genadig te wees? Aangesien amper alles wat gesê word wat ons seermaak, eintlik gewortel is in die diep seerkry van die ander persoon.

Wat die Here daardie dag gedoen het was so kosbaar, iets wat ek nooit vergeet het nie. Hy het my een-vir-een gevra of ek 'n hoofstuk gevolg het, Hy het begin by die laaste hoofstuk van die *Wyse Vrou* werkboek. Hy het my gevra of ek gevolg het wat dit gesê het aangaande die onderrig van my eie kinders. Ek moes verleë antwoord, "Ja." Volgende was of ek die Here vertrou het met my vrugbaarheid, toe Hy my herinner het dat ek die risiko geloop het om dood te gaan, twee keer, deur nie die dokters te volg nie (wat sou gespring het om 'n histerektomie te doen toe ek besig was om te bloei). Ek het weereens "Ja" geantwoord. Een-vir-een het Hy voortgegaan en my oor elke hoofstuk uitgevra, totdat Hy my gevra het of Hy my Eerste Liefde is (Hoofstuk 2). Natuurlik was ek verheug om te sê, "O Ja!!" Toe het Hy geëindig deur te vra "Waar is jou lewe (en huis) gebou Michele?" ek moes antwoord, "Op Jou en Jou alleen! My Rots."

Liewe bruid, vanaf die oomblik wat ek die waarheid gehoor het, was al daardie aaklige veroordelende woorde dadelik in my kop stil gemaak. Ja, die beskuldigings het eintlik aangehou, maar net vir 'n kort tydjie, ek glo dit is omdat dit my nie meer geraak of ontstel het nie. Om die waarheid te sê, in plaas daarvan om sleg of skaam oor myself te voel, toe hy my laat sit het, het ek net medelye vir hom gevoel. Hoe aaklig vir enigiemand wat die behoefte voel om iemand anders af te kraak omdat hulle sleg oor hulleself voel.

Deur terug te kyk, is dit glad nie verbasend nie, want teen daardie tyd was ons naby aan die einde van ons huwelik en natuurlik het ek nie geweet dat hy diep in owerspel betrokke was nie. So as 'n pastoor, is ek seker dat die vyand hom gebombardeer het met alle soorte veroordeling en skaamte—hom verskeur het. Ongelukkig, soos wat dit is dwarsdeur die kerk, was hy nooit geleer om hierdie "negatiewe' emosies na die Here toe te vat en Hom vir die waarheid te vra nie. Het hy dit gedoen, sou hy miskien skuldig gevoel het oor sy sonde en terselfdertyd Sy ontsaglike liefde, gevoel het. Dit, glo ek, kan enigeen van ons uit die diepste sondes kry en ons wonde genees, Sy liefde.

Epidemie

Liewe bruid, ek weet dat ek nie die enigste een is wat met daardie negatiewe stemme saamleef nie. Net hierdie afgelope week het ek die voorreg gehad om 'n paar uur saam met een van my geliefde WV groepslede te spandeer, wie ook een van ons kerkleiers is (en wie onder my gewerk het). Sy het vir my gesê dat terwyl ek nog by die kerk gewerk het, het die vyand haar gedagtes gebombardeer deur vir haar te sê *as ek net geweet het* hoe sy eintlik was, sou ek ons senior pastoor vertel het en aanbeveel het dat hy haar vra om haar posisie af te staan. Wow, dit lyk asof dit die een taktiek is wat die vyand baie graag gebruik—seker omdat dit so goed werk!!

Toe, kort hierna, het ek dieselfde soort epos van twee ander kerkleiers gekry—hulle het gesê as ek regtig geweet het hoe hulle was, sou ek nie met hulle assosieer nie. En elke keer was ek verstom. Toe, kort daarna, het Hy my gewys dat dit nie net vrouens hier was nie, maar dat dit wêreldwyd dieselfde is. Binne 'n paar minute nadat ek in Afrika geland het, terwyl ons uit die lughawe gery het, het een van my langste en liefste vriendinne (en wie 'n RMI leier is wat saam Erin werk), na my toe gedraai, 'n diep sug gegee en al haar moed bymekaar geskraap om te bieg, "hoe sy regtig was." Ek het geluister en geweet dat die belydenis vir jare teruggehou was. Toe sy klaar gepraat het, was al wat ek gedoen het om oor leun en vir haar 'n drukkie te gee en haar te vertel dat ek met dieselfde dinge gesukkel het.

Liefste bruid, die waarheid is, ons almal sukkel met dieselfde dinge; is dit nie wat die Bybel sê nie? "Geen versoeking wat **meer** is as wat 'n mens kan weerstaan, het julle oorval nie. God is getrou. Hy sal nie toelaat dat julle bo julle kragte versoek word nie; as die versoeking kom, sal Hy ook die *uitkoms* gee, sodat julle dit kan *weerstaan*" (1 Korintiërs 10:13).

Dan, om die aanslag van snydende woorde te voorkom wat so algemeen geraak het, moet ons ook hierdie vers in gedagte hou—wat my regtig gehelp het om te onderskei of ek iets moet ignoreer of dit ter harte neem. "Verder, broers, alles wat *waar* is, alles wat *edel* is, alles wat *reg* is, alles wat *rein* is, alles wat *mooi* is, alles wat prysenswaardig is - watter **deug** of lofwaardige saak daar ook mag wees - daarop moet julle julle gedagtes rig" (Filippense 4:8)

Dit beteken, net AS dit wat gesê word: lofwaardig, reg, rein, mooi en **waar** is (wat beteken ons moet altyd onthou om na Hom toe te gaan om te hoor of dit die waarheid is), *en* dit moet ook iets wees waarvoor jy God wil prys. En as dit nie al hierdie dinge is nie, moet dan nie laat dit jou hart binnedring nie, omdat wat ook al gesê word nie van Hom af is nie.

Gebruik elke venynige woord ten goede, om jou die geleentheid te gee om dieper tye saam met Hom te spandeer. Onthou eenvoudig en maak dit 'n gewoonte om ieder en elke vraag wat jy oor enigiets het, maak nie saak wat dit is nie, na die Here toe te neem. Vra Hom om jou te laat weet wat Hy daarvan dink. Sit dan stil en luister, en voel deurweek in Sy liefde, wat jy kan omkeer en op almal rondom jou uitstort.

——— Hoofstuk 14 ———

Jy Is Mooi!!

As jy dit nie weet nie,
mooiste van al die vroue. . .
Jy is mooi, my liefling,
jy is mooi!
—Hooglied 1:8,15

Miskien het ek dit al vantevore gedeel, maar baie van daardie woorde wat ons seer maak, waaroor ons in die laaste hoofstuk gepraat het, is woorde en denke wat in ons gedagtes gerepeteer word, wat handel oor die hoe ons lyk. Vandag, meer as ooit tevore, word sommige van ons gebombardeer met gedagtes oor hoe ons faal om regtig mooi te lyk en te *voel*. Ons glo dat ons eerder: te vet of te maer is, te lank of te kort, ons neuse is te lank of te wyd, ons vel is te wit of te donker—die lys is eindeloos.

Terwyl ek na verskillende dele van die wêreld gereis het, toe ek in Brasilië aangekom het, was ek verras deur wat ek gesien het, Brasilië blyk selfs meer obsessief te wees (selfs meer as in die V.S.A.) oor vroue wat die behoefte ervaar om sexy te lyk en te voel. Selfs voordat ek die lughawe verlaat het, terwyl ek by die groot bagasie vervoerband gestaan het, het ek agtergekom dat ek die enigste vrou was wat nie baie vel gewys het nie. My maag en my borste was bedek en my klere was nie styf of uitdagend nie.

My verbasing het voortgeduur tewyl ek saam met my gasvrou deur die dorp gery het na die kerk wat my uitgenooi het om te praat. Ek was betower deur die reklameborde wat hierdie tendens in hulle samelewing uitbasuin het; daar was orals uiters sexy advertensies van vroue. Die gekste aspek daarvan, wat my stomgeslaan het, was dat hierdie Brasiliaanse vrouens absoluut pragtig is!! So hoekom ervaar hulle die behoefte om nog meer as hulle pragtige gesigte en lieflike figure te wys in wat ook al klere hulle mooi laat voel? Terwyl ek verbyster gesit het, het ek onthou dat ek 'n spesiale televisieprogram gekyk het wat gesê het dat Suid Amerika die meeste Mej. Heelal wenners as enige ander kontinent gehad het, in een land word meeste meisies na skole toe gestuur om hulle te leer hoe om die titel te wen deur hulle te leer hoe om te praat, loop, wat om aan te trek, ens. Dit lyk asof dit nie saak maak hoe pragtig ons is nie, meeste van ons *voel* minderwaardig; myself ingesluit.

So 'n paar weke later, terwyl ek na 'n ander kontinent toe gevlieg het, het ek baie tyd gehad om met die Here hieroor te praat. Ek het begin deur Hom te vra vir 'n manier om vir vroue regoor die wêreld te verduidelik presies hoe Hy hulle sien. Wat interessant is, ek was op pad Afrika toe, waar my gasvrou se familie vir ons 'n tyd gereël het om op 'n safari te gaan. En dit is toe dat ek *regtig* verstaan het wat Hy vir my gesê het en wat dit vir my beteken het, wat ek hoop om oor te dra aan elkeen van julle. En ek sal daarvan hou dat elkeen van julle belowe om ten minste een ander vrou aan te moedig wat jy ontmoet of ken, wat die behoefte het om te weet net hoe mooi sy is, oor hoe Hy haar sien—miskien dieselfde analogie gebruik wat Hy met my gedeel het.

Wat die Here gesê het is dat Hy elkeen van ons sien as bedreig en wie beskerming nodig het, net soos al die bedreigde diere regoor die wêreld. Wat Hy verduidelik het terwyl ek gevlieg het, het ek toe eerstehands gesien terwyl ons op safari was en oor die groot, uitgestrekte vlaktes gery het. Toe ons in die beskermde en omheinde rusareas gestop het, het ek mense ontmoet wat van alle dele van die wêreld gekom het vir net een rede—om met inspanning selfs net een van hierdie diere te sien. Sê, byvoorbeeld, die pragtige en manjifieke kameelperd. Tog, terwyl hierdie pragtige kameelperd bewonder en gefotografeer word, het die Here vir my gesê om myself te verbeel wat sy dink: "Kyk net na my. Hoekom moet my nek so lank wees? Hoe vernederend dat ek my bene so wyd moet oopsprei net om water te drink! En al hierdie bruin kolle . . . hoekom kan ek nie so pragtige pels soos Mej. Luiperd daar oorkant hê nie!"

Dan kom 'n ongelooflike en hoogs bedreigde renoster verbygeloop wie sê, "Ek kan nie glo dat ek my ma se lang neus gekry het nie, dit is so vernederend, en haar verskriklike groot agterent ook—dit is enorm! Hoekom moet my vel so donker en leeragtig wees, hoekom kan dit nie so sag soos Mej Luiperd s'n wees nie?"

En daar was ons, ons het vir ure rondgery terwyl ons ons bes gedoen het om fotos te neem van elke hoek van die renoster, of dit haar groot agterent is, of in die hoop om 'n foto van haar syaansig te kry om te wys hoe pragtig die lengte van daardie neus is! Ons kon maar net hoop om 'n kameelperd te sien wat by 'n watergat drink, met haar bene oopgesprei as gevolg van haar lang bene en lang nek, opgewonde as ons net naby genoeg kon kom om die lang swart tong te sien—ons het fotos en nog fotos geneem om later vir almal wat ons ken, te wys.

Hopelik, kry jy die prentjie.

Ons eie opinies van hoe ons lyk is glad nie hoe die Here na enigeen van ons kyk nie. Vir Hom, soos wat ons gesê het, is ons almal op Sy bedreigde lys aangesien daar nie twee van ons is wat dieselfde is nie! Ons Beminde is lief vir ons syaansig, ons hare, ons vel toon en tekstuur, selfs die onvolmaakthede wat ons glo ons in ons voorkoms sien. Die Here is lief vir hoe lank of kort ons is. Hy hou ook van daardie ekstra gewig wat ons aangesit het. Verbeel jou om 'n maer dier te sien en hoe afgryslik en hartverskeurend dit sal wees as ons een moet sien.

Aangesien gewig 'n obsessive vir meeste vroue blyk te wees, as jy soos meeste van ons sukkel en tans swaarder is as wat jy graag sal wil wees, het ek ook met Hom daaroor gepraat! Hier is hoe Hy my verseker het dat dit nie saak maak hoeveel ek weeg nie, ek is nog steeds pragtig. Terwyl ek in Italië was, het ek dadelik agtergekom dat die bekendste kunstenaars baie groot vroue en vroue met kurwes, geskilder en uitgebeeld het! Selfs hulle agterstewes was as mooi beskou, selfs al was dit nogal groot en vol gewees. Tog hier is ons en speel reg in die vyand se hande wat daarvan hou om ons te laat *voel* asof ons tekort skiet om mooi te wees. Volgens wie se standaarde? Nie die Here s'n nie. En hoekom sal ons omgee oor ons uiterlike skoonheid wanneer ons weet dat "Uiterlike skoonheid hou nie, 'n **mooi voorkoms is nie alles nie**; *as sy die Here dien, dán verdien 'n vrou om geprys te word*" (Spreuke 31:30)? As dit ouer word is wat jou pla, het Hy my herinner aan 2 Korintiërs 4:16-18, "Om hierdie rede word ons nie moedeloos nie. Al is ons uiterlik besig om te vergaan, innerlik word ons van dag tot dag vernuwe." En in die NLV sê dit selfs meer "Om hierdie rede gee ons nie moed op nie. Al is ons uiterlike besig om te vergaan, innerlik word ons van dag tot dag vernuwe. Ons swaarkry op die oomblik is gering en tydelik, maar dit bewerk vir ons 'n heerlikheid wat alles verreweg oortref en vir altyd vas sal staan. Ons oog is nie op die sigbare dinge gerig nie, maar op die onsigbare, want die sigbare dinge is tydelik, maar die onsigbare **vir altyd**."

Toe ek dit alles met die dames in Suid Afrika gedeel het, het een kosbare lid later vir my vertel dat sy die volgende oggend na haarself in die spieël gekyk het en gesê dat sy eintlik hou van wat sy sien. Vir die eerste keer het sy deur die oë van haar Beminde gekyk! 'n Paar weke later het ek dit weer by 'n konferensie in Nairobi, Kenya, gedeel waarheen vroue van baie lande, regoor die kontinent van Afrika, gereis het. Alhoewel ek nie lank genoeg daar was om agterna met enigiemand te praat nie, het ek gesien hoe die boodskap hulle verander het toe ek na elkeen van hulle gesigte gekyk het. Die Here het my oor die gehoor laat kyk en ek kon gesigte sien wat straal van vreugde en sommige vrouens het trane gehad wat by hulle wange afgeloop het. Al wat ek gedoen het was om vir Hom Sy opinie te vra saam met 'n manier om dit aan ander vroue te verduidelik, toe het ek seker gemaak dat ek ook vir 'n geleentheid vra om te deel wat Hy my vertel het, wat ek die tyd geneem het om die Here te vra om my te help om te doen—liewe bruid, jy kan dieselfde ding doen! Neem wat ek gedeel het, as dit jou aangeraak het, en deel dit met ander vroue, laat hulle elkeen weet hoe HY ons sien. Gaan dan voort en doen dit elke keer wanneer jy 'n behoefte of seer of 'n vraag het. Neem dit na Hom toe, luister hoe Hy dit aan jou verduidelik en deel dan hierdie liefdevolle boodskap met ander vroue nadat jy Hom gevra het om jou te wys wie nodig het om dit te hoor.

Taamlik Gespierd

Iets nuuts, wat ek voel ek moet bysit. In net die laaste paar jaar het 'n ander verskynsel my verras, dit is die tendens vir vroue om te oefen tot hulle op die punt kom wat hulle so gespierd soos 'n jong man lyk. In Erin se *Wyse Vrou* boek, het sy my geleer hoe belangrik dit is vir ons om te vier hoe ons manlik en vroulik geskape is. Toe het sy verduidelik hoe gevaarlik dit is om hierdie lyne te vervaag want dit dra by tot homoseksualiteit.

Eerder as vroue wat mooi wil *voel* en lyk, sien ek nou dat hedendaagse vroue eerder daarna streef om taamlik gespierd te lyk. Nie net produseer hierdie uitermatige oefen met gewigte en oefening goed gedefinieerde en groot spiere nie, wat eens op 'n tyd vir mans gereserveer was, maar wanneer vroue tot hierdie mate oefen, verminder dit dikwels borsweefsel en kan eintlik 'n vrou se maandelikse siklus stop. Eer en vier dit hoe ons geskape was, vroulik? Sal 'n oor gespierde vrou maklik gesien word as Sy bruid en voel soos wat Hy dit bedoel het?

Dit is nie te sê ons moet skaam voel as ons meer gespierd of manlik geskape is nie, maar net as ons streef daarna om meer te wees soos die wêreld wat verander—om die manlike en vroulike geslagte te meng. Dit beroof jou nie net van mooi voel nie, hoe Hy ons sien nie, maar dit kom ook gevaarlik naby aan die glibberige helling van 'n samelewing wat verder gaan as om te aanvaar wie 'n persoon is. Dit bevorder nou 'n manier om in stryd met die Oorvloedige Lewe te leef —om te geniet wie ons geskape was om te wees, 'n vrou, Sy bruid.

Hoe Hy Jou Sien

Terwyl ek in Brasilië was, het ek een gasvrou gehad wat aanhoudend vir my gesê het, "Linda, linda, linda," dit beteken "Mooi, Mooi, Mooi." Kosbare een, dit is wat jou Minnaar, jou Hemelse Man, sê elke keer as Hy na jou kyk! Hy kan net nie Sy oë van jou af hou nie en Sy liefde groei met elke blik. Daar is geen rede om te oefen, of te verander wie jy is nie, aangesien jy Linda is, Sy mooi, bruid, "As jy dit nie weet nie, mooiste van al die vroue . . . Jy is mooi, my liefling, jy is mooi!" (Hooglied 1:8,15).

Die Liefde Verteer My

Die man wat ek liefhet, is myne en ek syne . . .
Skaars was ek by hulle verby of ek het
hom wat ek liefhet gekry.
Ek het hom vasgegryp en hom nie laat los nie . . .
sê vir hom die liefde verteer my.
—Hooglied 2:16; 3:4; 5:8

Toe ek hierdie hoofstuk begin het, ongekend danksy Sy liefde, het ek gesukkel om dit geskryf te kry. Ek het geweet waarheen ons op pad was, en ek het ook geweet dat dit vrees was wat my huiwering veroorsaak het. Alhoewel daar 365 keer in die Bybel vir ons gesê word om nooit enigiets te vrees nie en soos wat ek voorheen geskryf het, veral nie vrees vir wat ander mense dink nie, het ek nog steeds gehuiwer en afgestel om hierdie hoofstuk te skryf. My bekommernis was dat ek geweet het wat ek te sê gehad het, het die potensiaal gehad om vreesaanjaende emosies in sommige van julle op te wek wie huidiglik huweliksherstel soek, wat dan potensieel deur die vyand gebruik kan word om jou te ontmoedig.

Terselfdertyd, is wat ek op die punt staan om te deel, so opwindend uit my perspektief, ek wil dit letterlik van die dakke af skreeu en die hele wêreld vertel. So maak nie saak hoe dit begin ontvou nie, my begeerte om hierdie hoofstuk te skryf is om jou te help om te verstaan dit was jou hart wat ek in gedagte gehad het. Dit is my hoop dat dit jou nie, op enige manier, sal ontmoedig of bekommerd laat voel nie, of dat enige ander negatiewe emosie oor jou sal spoel nie.

Die manier wat dit jou nadelig kan affekteer is dat ons so dikwels die reis wat ander geroep is om te neem sien en nie kan help om te wonder "Hoe gaan dit my affekteer?" nie. Is dit iets wat Hy my ook gaan laat deurgaan?" Die waarheid is, dikwels is die antwoord, Nee, en Hy gaan jou nie roep om dieselfde roete te neem wat Hy my (of ander) gevra het om te neem nie. So enige tyd wat jy begin om bekommerd te raak, stop en laat Sy liefde en versekering jou vrese stil maak, want daar is geen manier dat Sy plan vir jou toekoms nie bedoel is om helder, opwindend en geweek in Sy liefde te wees nie. Onthou, Hy het gesterf om vir jou die Oorvloedige Lewe te gee, reg?!

So, om te begin, wees net 'n bietjie langer geduldig met my omdat ek van koers gaan verander voordat ek begin. Dit is omdat ek onlangs 'n boek gelees het deur 'n skrywer en ek het myself so verlore gevind met amper die helfte wat sy geskryf het. Dit is omdat sy dit met haar "gereelde volgelinge" of bewonderaars in gedagte geskryf het en ek was nie een van hulle nie—so ek het geen idee gehad waarvan sy gepraat het nie. So dit beteken dat ek hierdie hoofstuk moet begin deur gou my persoonlike situasie uit te lê, sodat diegene wie nuut is met my boeke, of Erin se bediening, nie deurmekaar raak deur wat ek op die punt staan om te deel nie.

Een van die moeilikste dinge waardeur ek gegaan het toe my man my gelos het en weer van my geskei het, het te doen gehad met die feit dat my persoonlike bediening en ook om RMI te help, ontstaan het toe my eie huwelik herstel was. Na jare wat ek God gesoek het om my huwelik te herstel, het Hy my gebede beantwoord, toe ek God vertrou het om my huwelik te herstel, terwyl ek die herstelbeginsels wat ek by RMI gevind het, geleer en ywerig nagevolg het, wat ek alreeds bevestig het deur hulle in my eie Bybel op te soek. Gevolglik, kort nadat my huwelik herstel was, het vrouens in my kerk na my toe gekom vir hulp en leiding en die gevolg was dat ek 'n bediening binne my kerk gehad het. Later het dit ook vir my deure oopgemaak om regoor die wêreld te praat—hoop aan vrouens te bring wat in 'n huwelikskrisis en ondraaglike pyn was en wie hulle huwelike ook herstel wou hê.

"Hy het SY hand uitgesteek, my mond aangeraak en vir my gesê: Ek het nou My woorde in jou mond gelê. Kyk, Ek stel jou vandag aan oor nasies en oor koninkryke om af te breek en uit te roei, om te vernietig en plat te slaan, te bou en te vestig" (Jeremia 1:9-10).

So, toe my man my weereens gelos het en van my geskei het, na veertien jaar van herstel (wie ek gedeel het, een van die pastore by die kerk was waar ek bediening gegee het) het baie vroue ons gemeenskap verlaat so vinnig as wat hulle sou as 'n skip sink—maar wie kon hulle blameer? Diegene wat agtergebly het, was verstom, geskok en geruk omdat hulle nie kon help om aan hulle eie huwelike te dink nie en hulle was bang dat hulle herstel ook nie sou "hou" nie. Verbasend, het baie verwag dat *ek* vir *hulle* aanmoediging en ondersteuning moes gee gedurende 'n tyd in my eie lewe toe ek dit beleef het, wat my ook 'n bietjie verwilderd gelos het, omdat ek geen idee gehad het wat regtig vir my voorgelê het nie, of my bediening, of my kinders, of my finansies, of my toekoms.

So vreemd soos dit mag klink, dit was toe dat Hy vir my deure begin oopmaak het om te reis (eintlik net drie weke na my egskeiding finaal was). Ek het uitnodigings van etlike kerke gekry, waar hulle baie vrouens gehad het met vrae oor hoe dit hulle herstel sou verander. En, een van die gewildste vrae het te doen gehad met navrae oor *my toekomstige* "huweliksherstel"—wanneer en hoe dit "hierdie keer" sou plaasvind. Wat ek geleer het om deur my man se tweede verlating te gaan, (en jy sal meer verstaan as jy my boek *Staar Egskeiding In Die Gesig—Weer*), was dat 'n krisis van hierdie omvang 'n manier het om sy slagoffer op ongelooflike maniere te verander. Dit het my nie net tot 'n vlak van intimiteit met die Here gebring wat ek nooit kon droom ek sou hê nie; maar dit was 'n dieper intimiteit as wat ek ooit gedink bestaan het of ooit gehoor het iemand oor praat, nie eers iets waaroor ek iemand hoor sing het nie.

Ek het gou gevind dat hierdie nuut verbeterde verhouding die hoof fokus van my lewe geword het. Ek het nie meer na my toekoms of enige ander detail van my lewe gekyk nie, beslis nie na enige soort huweliksherstel nie. Wonderbaarlik, het my aandag uitsluitlik gekeer na die Een wat ek gevind het my meer bemin as wat ek ooit sou kon dink. Toe dit gebeur het, het ek besef dat ek desperaat was om aan Sy teerheid vas te hou, maak nie saak wat nie. Die desperasie het eintlik begin om 'n obsessie te word, veral wanneer dit bedreig gevoel het. Enige tyd wat ek 'n epos gekry het, of deur iemand gevra was: "Michele, ek is opgewonde om te weet wanneer jou volgende herstel gaan plaasvind? Het God jou vertel hoe dit gaan gebeur?" Wanneer enigiemand my gevra het oor my toekomstige herstel met my eksman, het ek gevind dat ek myself dieper in die hart van my Beminde grawe uit vrees dat iemand sou probeer wegneem wat ek gevind het—HOM en Sy liefde. Liefde waarin ek elke dag geweek het en veral gedurende die nag in gerus het.

Gedurende hierdie tye wat ek bedreig gevoel het, wanneer ek Hom gevra het om my nooit te laat gaan nie, het Hy my dikwels gelei om te lees, "Ook die ongetroude vrou en die jongmeisie gee aandag aan die dinge van die Here, om na liggaam en gees aan Hom toegewy te wees. *Maar* die **getroude** vrou gee ook aandag aan die dinge van die wêreld, aan *hoe sy haar man kan behaag*. Dit alles sê ek vir julle eie beswil. Ek wil julle nie aan bande lê nie, maar ek wil hê julle moet in eerbaarheid lewe en in **onverdeelde toewyding aan die Here**...*Tog is sy na my mening **gelukkiger as sy** ongetroud bly; en ek dink dat ek ook die Gees van God het*" (1 Korintiërs 7:34-40).

Aanvanklik toe ek enige vraag oor my volgende of tweede huweliks herstel beantwoord het, het ek myself basies in outomaties gevind of soort van in 'n dwaal. Waarmee ek gesukkel het, het te doen gehad met my bediening. Vir jare het ek saam met Erin gewerk om vrouens te help wat desperaat was (soos wat ek was) om hulle huwelike te herstel, so natuurlik was dit op daardie tydstip my hoof- en enigste fokus van my bediening.

So, met die omkeer van sake in my lewe, het ek baie gou geweet dat ek sekerlik my posisie met RMI kan verloor en ook my hele gemeenskap wat ek gevestig het in my kerk, saam met enige afsprake as spreker (en wat sou beteken dat ek enige en al my inkomste sou verloor, wat alreeds onder my begin verbrokkel het), ek het gevoel dat ek heeltemal deursigtig moes wees en my ware gevoelens moes deel—ek het nie meer herstel gesoek nie en om die waarheid te sê, ek wou dit nie gehad het nie.

"Die man wat ek liefhet, is myne en ek syne . . . Skaars was ek by hulle verby of ek het hom wat ek liefhet gekry. Ek het hom vasgegryp en hom nie laat los nie . . . sê vir hom **die liefde verteer my**." (Hooglied 2:16; 3:4; 5:8).

Destyds toe dit gebeur het, was hierdie konsep nooit ooit bespreek binne die bediening nie, maar gelukkig, is geen stelling daaroor (dat ek nie my huwelik herstel wil hê nie) so skokkend soos wat dit eens op 'n tyd was nie. Ongelukkig, aangesien ek die eerste een was wat sulke laster geuiter het, het ek toegekyk hoe baie vrouens hulle rug op my gedraai het. Die nuwe fokus van my bediening was meer as wat hulle kon verduur en ongelukkig het hulle verkeerdelik begin *glo* dat ek nie meer in huwelik herstel geglo het nie, aangesien ek dit nie vir myself gesoek het nie.

My dilemma het aangegaan en op 'n punt, vroeg een oggend terwyl ek nog in die bed was, het ek aan die Here uitgeblaker dat ek gehoorsaam sou wees en *enigiets* doen wat Hy my vra, maar...ek sou **nie** my huwelik met my eksman herstel nie, omdat ek Hom nooit sou los nie! Ek het die kombers oor my kop getrek en binne sekondes het ek begin huil om te dink hoeveel ek my Man gegrief het met my aaklige houding. Met trane het ek Hom gevra of Hy teleurgesteld was in my. Wat ek gehoor het, het my verbaas en ek glo dit sal jou ook verbaas. Hy het gesê dat dit Hom op geen manier gegrief het nie, maar in plaas daarvan het dit Hom geseën en Sy hart aangeraak!!

Verstom, het Hy voortgegaan om my te herinner hoe Josua teen God se bevel gerebelleer het om van Sionsberg af te bly (aangesien enigiemand wat te naby gekom het, dood gemaak sou word) terwyl

Moses opgegaan het om Hom van aangesig tot aangesig te ontmoet. Josua wou meer van God gehad het en het meer van God nodig gehad—maak nie saak wat dit hom sou kos nie. Toe later, kan jy onthou dit was Josua wie oorgeneem het toe Moses se woede veroorsaak het dat hy nooit in die Beloofde Land sou ingaan nie? So, wat hy gedoen het, deur om teen God se bevel te gaan, was beloon.

Volgende het Hy my herinner aan Rut toe sy geweier het om Naomi te verlaat en terug te gaan na haar mense toe. Rut het vereis en nee gesê, sy sou by haar skoonma bly—en dit is toe God haar geseën het en sy Boaz se vrou geword het—om nie eers te praat van die feit dat sy in Jesus se voorgeslagte was nie!

Volgende het die Here my herinner aan Elisa wat elke keer geweier het as Elia hom probeer oortuig het om agter te bly. God het hom geseën soos wat ons later in die Bybel sien dat dit Elisa was wat 'n groter salwing gehad het, meer as wat Elia ooit gehad het.

Dit blyk asof God verheug is oor onsterflike lojaliteit, toewyding en 'n soort liefde wat weier om Sy teenwoordigheid te verlaat.

Selfs al het ek baie beter gevoel, was ek nog steeds angstig en bang dat die Here my eendag sou vra om my huwelik met my eksman te herstel, moontlik vir Sy glorie. Toe een noodlottige dag terwyl ek in Suid Afrika was, het my liewe, dierbare gasvrou my gevra of sy my 'n persoonlike vraag kon vra. Toe sy gevra het, was dit basies dieselfde soort vraag wat blykbaar op almal se gedagtes was, "Sal jy ooit jou man terugvat?" Ek het haar op dieselfde manier geantwoord as wat ek ontelbare kere vantevore geantwoord het:

"Maak nie saak wat God my vra om te doen nie, ek sal dit doen . . . maak nie saak wat dit is nie."

Daardie aand terwyl ek in die bed gelê het, het ek iets gedoen wat so eenvoudig gelyk het, tog het ek nooit voorheen daaraan gedink nie, tot daardie oomblik. Ek het vir die Here gevra: "Liefling, wanneer iemand vir my *daardie* vraag vra, hoe wil *Jy* hê moet ek dit beantwoord?"

Wat ek Hom hoor sê het, het my verbysterd gelaat; "Sê net vir hulle **jy kan nie.**"

Vir die volgende paar weke het baie Bybelverse deur my gedagtes gehardloop terwyl ek desperaat probeer het om sin te maak van wat Hy my vertel het. Wat het Hy bedoel toe Hy gesê het, " . . . jy kan nie"?

Met geen vers of beginsel wat in my gedagtes opgekom het nie, het ek gretig wakker geword en dwarsdeur my Bybel gesoek om verse te vind om my te help om te verstaan. Maar daardie oggend was ek op pad Kenya toe en ek het nie my gunsteling Bybel by my gehad nie. Toe ek omvattend begin reis het, het ek opgehou om dit te bring omdat dit gedurende een reis effens beskadig is. Ek het op my skootrekenaar Bybel staat gemaak waarvoor ek die Internet nodig gehad het. (Dit was voordat ek die luuksheid gehad het van 'n Bybel applikasie op jou selfoon en internet waar ook al jy in die wêreld is.)

Terwyl ek terugkyk, is dit nou amper lagwekkend, omdat Hy vir my daardie aand vertel het toe ek haastig op die vliegtuig na Kenia geklim het, en dit is 'n land waar dit amper onmoontlik was om op die Internet te konnekteer. Waar ek gebly het, het geen Internet gehad nie en daar was net een Internet kafee waar jy 'n paar minute kon koop, wat ek gebruik het om met my kinders gekonnekteer te bly. Hoekom het Hy dit georkestreer deur my te vertel sonder om die vermoë te hê om dit te soek? Omdat die Here net wou gehad het dat ek stil moes wees en Hom soek; tyd om eenvoudig stil te sit en te luister na wat Hy self vir my wou vertel.

Wat ek gehoor het sal jy in die volgende hoofstuk lees. Maar net soos wat die Here my ontkoppel het om nie op 'n ander plek te soek nie, het Hy vir my gevra dat ek jou ook moet los, om jou tyd te gee om net stil te wees en die Here toe te laat om met jou te praat. Moenie net vir 'n paar minute stop voordat jy die volgende hoofstuk lees nie, in plaas daarvan, neem 'n paar dae, of langer, om die Here toe te laat om met jou te praat oor wat Hy vir my vertel het en wat Hy wil hê ek moet deel. Ek glo dat Hy op die punt staan om jou hart oop te maak en jou toe te laat om die oorvloedige lewe van jou drome te begin lei!

Onthou, "God is so magtig en sterk. Juis met daardie krag werk Hy ook in ons. Hy kan en het dinge vir ons gedoen waarvan ons nie eens kon droom nie!" (Efesiërs 3:20 Die Boodskap).

"Tog is die HERE gretig om julle genadig te wees en WIL Hy Hom oor julle ontferm: Die HERE is 'n God wat reg laat geskied, en dit gaan goed met elkeen wat op Hom vertrou" (Jesaja 30:18).

Hoofstuk 16

Nie Meer 'n Egbreekster Nie

Maar as sy 'n ander man se vrou word so
lank as haar man lewe,sal sy as 'n **egbreekster**
beskou word. As haar man gesterf het,
is sy egter vry van die wet,
en is sy nie 'n **egbreekster**
as sy 'n ander man se vrou word nie.
—Romeine 7:3

Liewe Michele,

Hallo, my naam is Anita en ek is 'n lid van Restore Ministeries International. Ek het vandag jou Bybelstudie gelees en voel ek moet iets deel waarna die Here my in Sy Woord gelei het aangaande 'n sekere deel van die "Wyse Vrou Studie," spesifiek, "Ek Haat Egskeiding!" Iets wat ek dink jy dalk gemis het. Dit is iets wat die Here my 'n geruime tyd vantevore gewys het en ek weet ek het voorheen daaroor geskryf. Dit gaan oor die deel "Moet ek hierdie huwelik herstel of moet ek terug gaan na my eerste man toe?" onder "'n Owerspelige Grondslag." Dit is in Deuteronomium; skenk asseblief in besonder aandag aan vers vier aangesien dit my bekommernis is en die rede hoekom ek vanoggend aan julle skryf.

Deuteronomium 24:1-4 AFR 53, "AS 'n man 'n vrou neem en met haar trou, en as sy dan geen guns in sy oë vind nie, omdat hy iets skandeliks aan haar ontdek het, en hy haar 'n skeibrief skrywe en in haar hand gee en haar uit sy huis wegstuur, en sy uit sy huis uittrek en weggaan en 'n ander man s'n word, en dié laaste man haar haat en haar 'n skeibrief skrywe en in haar hand gee en haar uit sy huis wegstuur, of as dié laaste man sterwe wat haar vir hom as vrou geneem het — dan mag haar eerste man wat haar weggestuur het, haar nie weer neem, dat sy sy vrou word nadat sy onrein geword het nie; want dit is 'n gruwel voor die aangesig van die Here , en jy mag op die land wat die Here jou God jou as erfenis sal gee, geen skuld laai nie.

Ek hoop dit help en sal jou aanpor om jou rigting te verander. Dankie dat jy geluister het. Ek waardeer dat jy so baie van ons help om die ware Woord van die Here te verstaan terwyl so baie van ons so desperaat in nood is! DIE HERE SAL DIT NIE ONGESIENS LAAT VERBYGAAN NIE, AL JOU LIEFDESARBEID! Vrede in die Here!

~ Anita

Toe ek hierdie epos gekry het, het ek vir my sekretaresse geskryf en gevra of sy sal reageer met, "Kan jy vir Anita skryf en vir haar vertel dat ek heeltemal met die vers en haar opinie saamstem? Laat haar ook weet dat ek in gebed sal oorweeg wat sy gedeel het en die Here daaroor sal soek en dan met Erin praat," wat ek ook gedoen het.

Wat ek en Erin bespreek het was die hoof rede hoekom sy daardie deel uit *'n Wyse Vrou* weggelaat het, want dit was altyd haar begeerte dat alle vroue die Here moet soek aangaande hul eie persoonlike situasies, aangesien elkeen van ons se verhouding met die Here die belangrikste ding is in enigiemand se lewe—selfs belangriker as 'n vrou se huwelik.

My lewe, soos joune, was sonder twyfel 'n reis en net soos ek, het ons dikwels aan al die foute in ons verlede gedink wat elkeen van ons, later, duidelik in Die Skrif gevind het waar ons verkeerd was. Op daardie tydstip, toe ek persoonlik *'n Wyse Vrou* gelees en onderrig het, het ek nooit regtig daardie spesifieke beginsel verstaan nie, 'n beginsel wat veroorsaak het dat ek hierdie "fout" begaan het en waaroor baie ander vrouens my kort na Anita begin uitdaag het. Al wat ek kon doen was wonder hoe ek dit gemis het.

Liefling bruid, het jy al ooit so gevoel? Gewonder hoe of hoekom God jou nie gekeer het of jou oë oopgemaak het vir iets voordat dit jou op 'n reis gesit het wat, as jy terugkyk, jy eerder sou wou gemis het as om daardeur te gaan nie? Om tot die pynlike besef te kom dat as gevolg van hierdie misstap, wat voorkom kon gewees het, ly jy onder die nagevolge van onkunde? Dit was nie voordat jy die Here of Sy woord geken het nie. Dit was amper asof Hy jou in die verkeerde rigting gelei het.

My Plan

"Die Here sê: Ek dink heeltemal anders as julle. Ek doen dinge ook heeltemal anders as wat julle dit doen. Soos die wolke ver bo die aarde is, is die manier waarop Ek dinge doen ook ver bo die manier waarop julle dit doen. Hoe Ek dink, is ook baie ver van die manier waarop julle dink" (Jesaja 55:8-11: Die Boodskap).

Onlangs, spesifiek op 'n onlangse toer wat my deur Suid Amerika, Afrika en Europa geneem het, wat oor twee dae voltooi sal wees, het ek gevind dat ek die Here gevra het oor baie van my "foute." Hoekom ek hulle gemaak het en meer tot die punt, hoekom my Beminde my nie gekeer het om hulle te maak nie. Tot my ongelooflike verbasing het Hy my vertel dat hulle nie foute was nie, maar dat elkeen deel was van Sy plan vir my lewe! So ek het gestop en lank nagedink oor wat Hy gesê het. Soos wat elke "fout" in my gedagtes opgekom het, die uitkoms, veral die uitkoms van die foute waaroor ek die meeste spyt was, het uitgedraai om die foute te wees wat my nader aan die Here gebring het, my Minnaar, my Man en my Beste Vriend. So, ek het gedink, as dit is wat ons foute vir ons doen, begin ek om uiteindelik te begryp dat daar nooit enige rede is vir enige van ons om spyt te wees oor ons verlede nie, en dit beteken dat ons ons nooit hoef te bekommerd oor ons toekoms nie, bekommerd te wees oor enige foute wat ons mag maak nie.

Hierdie openbaring het onmeetbare waarheid vir my ingehou en ek het uiteindelik verstaan wat "volmaakte liefde verdryf vrees" regtig beteken! Kan jy jouself net indink om nooit weer bang te wees om foute te maak nie—so ons is vry en in staat om van al ons bekommernisse te laat gaan. Uiteindelik, met alle vrees weg, kan ons Hom vrylik liefhê soos wat Hy verdien om liefgehê te word—om Hom lief te hê is die rede vir ons hele bestaan. En as jy jou toekoms koppel aan die kennis dat enige foute wat ons maak gebruik gaan word ten goede, saam met al die foute uit ons verlede (wat ons eens op 'n tyd nie kon laat gaan nie), is ons is uiteindelik vry om die Oorvloedige Lewe te geniet wat Hy gesterf het om vir ons te gee.

In daardie oomblik, nie meer geteister met die skuld en gewig van geskei wees nie, en hoekom ek weer getrou het, was ek nou vry om eenvoudig lief te hê: om my nuwe Man lief te hê en deur Hom liefgehê te word; om my kinders lief te hê en deur hulle liefgehê te word; lief te wees vir enigiemand anders wat die Here op my hart plaas en deur hulle liefgehê te word—en dit is dieselfde vir jou ook!

Nee, ek het nie vergeet dat ek gesê het dat dit 'n voortsetting van die vorige hoofstuk sal wees nie, toe ek jou hangend gelos het om te probeer verstaan wat die Here bedoel het toe Hy vir my gesê het, "jy kan nie," met betrekking tot my huwelik herstel aan my eks man. Baie van julle mag alreeds in staat gewees het om uit te pluis hoekom "ek nie kan nie" toe jy die openings vers gelees het:

"Maar as sy 'n ander man se vrou word so lank as haar man leef, *sal sy as 'n egbreekster beskou word*. As haar man gesterf het, is sy egter vry van die wet en is **nie** 'n **egbreekster** as sy 'n ander man se vrou word nie" (Romeine 7:3)

Aangesien my eerste man en my tweede man albei nog lewe, as ek my huwelik sou herstel (wat sal beteken dat ek vir die tweede keer met my eks man sal trou, aangesien ons geskei is), dan sal ek 'n egbreekster wees—weereens!

Ja, weereens. Tydens al daardie jare, daardie pynlike en moeilike jare van getroud wees, was ek niks meer as 'n egbreekster nie. My eerste huwelik het net een maand gehou, my tweede huwelik aan my eks man was 'n lang en moeisame gesukkel vir amper 24 jaar—jare van sy ontrouheid en my ellende, soos wat ek desperaat probeer het om 'n ander vrou te wees, 'n vrou wat waardig was om deur hom liefgehê te word.

Toe, met die balk in my eie oog, het ek probeer om die splinter uit al daardie ander vroue se oë te haal wie ons mans gesteel het. Tot my verbasing, toe die Here my eie staat van bestaan aan my openbaar het, dat ek as 'n egbreekster gelewe het, het dit alles vir my begin sin maak. Die jare wat ek gevoel het asof my man is nie lief was vir my nie, wie my twee keer vir ander vrouens gelos het, was alles oor my, nooit oor hom nie. Miskien is dit hoekom ek niks anders as medelye gevoel het vir die vrou met wie my man onlangs getroud is nie—ek het geweet dat as dit nie vir God se genade was nie, sou ek ook, 'n ander man gesoek het om mee te trou nadat ek verwerp was, wat uiteindelik sou gelei het tot nog 'n mislukte huwelik en ek wat weereens 'n egbreekster sou wees.

Al daardie jare het ek as 'n egbreekster gelewe en dit nie eers geweet nie. Ja, waar, ons samelewing erken egskeiding as die beëindiging van 'n ongewenste huwelik, en aanvaar dan hertrou as wettig; nietemin, selfs in Erin se boeke (waarmee ek onderrig en bediening gegee het), was ek blind vir Bybelverse soos:

"Maar as sy 'n ander man se vrou word so lank as haar man leef, *sal sy as 'n egbreekster beskou word.* As haar man gesterf het, is sy egter vry van die wet en is *nie* 'n *egbreekster* as sy 'n ander man se vrou word nie" (Romeine 7:3)

"Maar ek sê vir julle: Elkeen wat van sy vrou skei behalwe oor owerspel, maak dat *sy egbreuk pleeg*, en iemand wat met die geskeide vrou trou **pleeg ook egbreuk**." (Matteus 5:32).

Aangesien my eerste man van my geskei het, en ek toe vir 'n tweede keer getrou het, het ek egbreek gepleeg (omdat my eerste man *nog* gelewe het). Alhoewel ek dit nooit so gesien het nie, het ons albei nietemin die nagevolge gedra.

"My onderrig sal jou beskerm teen die slegte vrou van 'n ander wat jou met haar **gladde tong** wil verlei. Moenie dat haar skoonheid jou begeerte wek nie, moenie dat sy jou vang met haar oë nie. Jy kan 'n prostituut kry vir 'n **stuk brood**, maar owerspel kan jou lewe kos. Kan jy kole vuur in die vou van jou klere inhark sonder dat jou klere aan die brand raak? Kan jy op brandende kole loop sonder dat jy jou voete verbrand? Net so min kan jy by 'n ander man se vrou slaap sonder om gestraf te word, jy sal nie vry kom as jy met haar lol nie. 'n Dief word verag as hy steel, ook al steel hy om sy honger te stil, en as hy uitgevind word, moet hy sewevoudig teruggee, selfs al kos dit hom alles wat hy besit. Maar 'n man wat owerspel pleeg, moet van *sy verstand af* wees, iemand wat dit doen, verwoes sy lewe. Hy sal slae op die lyf loop en verneder word, sy skande sal nooit uitgewis word nie." (Spreuke 6:24-33).

Finansieel, terwyl ons getroud was, het ons altyd gesukkel. Bykomend, hoe waar dat "slae en vernedering" my man gevind het en daardie "skande" was nooit uitgewis nie. Aanvanklik, toe ek RMI gevind het, het die Here my oë oopgemaak, net 'n bietjie, aangaande hierdie beginsel toe ek God gesoek het om my huwelik te herstel. Terwyl ek hierdie verse gelees het, het ek besef dat dit *ek* was wat veroorsaak het dat my man (destyds) owerspel gepleeg het, aangesien ek voorheen getroud was toe ek met hom getrou het. Omtrent halfpad deur my herstel reis, laat een aand toe hy by ons kleiner kinders kom kuier het, het ek gebieg en vir hom gesê, "ek weet dat almal na jou kyk omdat jy saam hierdie ander vrou bly en egbreek pleeg, maar ek is die een wat jou 'n egbreker gemaak het, so hulle moet na my kyk en my blameer" en ek het die vers vir hom uitgewys, "Maar ek sê vir julle: Elkeen wat van sy vrou skei behalwe oor owerspel, maak dat *sy egbreuk pleeg*, en iemand wat met die geskeide vrou trou **pleeg ook egbreuk**." (Matteus 5:32).

So vreemd dat ek nooit vir een enkele oomblik gedink het, nie toe nie en ook nie toe ons weer getroud is na ons egskeiding toe Hy ons herstel het nie, dat om weer met hom te trou sou beteken dat ek, weereens, in owerspel sou leef. Ek het ander mense gehad wat vir my gesê het dat ek sou, maar dit het my net veroordeel laat voel en dat hulle my wetlik veroordeel het, wetend dat ek onder Sy genade was. So, verstaan jy nou hoekom God hierdie waarheid nooit aan my hart openbaar het of my oë oopgemaak het vir hierdie beginsel nie? En heel moontlik hoekom jy nuwe foute vind wat jy gemaak het, wat Hy jou nooit gekeer het om te maak nie?

Dit is omdat ons almal op 'n reis is. 'n Reis van groei, leer en wysheid verkry. Ons word nie wys gebore, met al die kennis of begrip nie, en daarom glo ek, is ons nie in staat om al God se beginsels te absorbeer nie, of in staat om te begryp nie, want dit is nog nie tyd nie. Dit is dieselfde met ons kinders: jong kinders is nie in staat om hulle naaktheid te begryp nie, asof hulle nog in die Tuin van Eden leef. Jy kan vir hulle sê dat hulle nie sonder klere moet rondloop nie, en jy doen jou bes om hulle te bedek, maar dit doen niks goeds totdat hulle in staat is om hierdie waarheid te verstaan nie.

Gedurende die tyd wat ek onkundig was oor die feit dat ek 'n egbreekster was, het God dit alles ten goede uitgewerk, nie net vir my nie, maar vir so baie ander. Is dit nie wonderlik nie? In my onkunde het God my geseën met 'n bediening en ook 2 herstel babas wat gebore was na my huweliksherstel—selfs al het ek destyds onkundig terug in owerspel gegaan.

Miskien is jy nie oortuig nie, en glo dat vir my om weer met my eks man te trou, sal reg wees, dat die bloed van Jesus my sonde sal bedek, omdat Hy dit voorheen gedoen het. Eintlik stem ek saam dat Sy bloed die sonde bedek, enige sonde. Maar Hy wil nie hê dat ek langer met die *nagevolge* moet saamleef van 'n egbreekster wees nie. Ter aanvulling glo ek, dat vir my om weer te trou, noudat my oë oop is vir die waarheid, sal beteken dat ek nie net oortree nie—ek sal dan opsetlik sonde pleeg. Soos wat Erin in een van haar boeke geskryf het, dit geld ook vir my:

"Wanneer ons opsetlik bly sondig nadat ons die kennis van die waarheid ontvang het, is daar geen offer meer wat ons sondes kan wegneem nie. Daar bly alleen 'n **verskriklike verwagting** oor van oordeel en 'n gloeiende vuur wat die teenstanders van God sal verteer. Dit is mý reg om te straf; Ek sal vergeld. Die Here sal oor sy volk oordeel. *Dit is **verskriklik** om in die hande van die lewende God te val*" (Hebreërs 10:26-31).

En, "Die ontroue vrou het haar eie manier: sy eet en vee haar mond af en sê: "**Ek het niks verkeerds gedoen nie.**"' (Spreuke 30:20).

Laastens, "'n Vrou is aan haar man gebind so lank as hy lewe. As hy sterwe, is **sy vry om te trou met wie sy wil**, mits dit met 'n gelowige is" (1 Korintiërs 7:39). Dit beteken, vir my om nou weer te trou, sal my eerste man en my tweede man te sterwe moet kom. Behalwe natuurlik as dit iets is wat Hy vir my sê om te doen.

Sou Hy, kan Hy, iemand vra om iets te doen wat verkeerd is? Eintlik, ek het gevra, en dit is toe dat Hy my herinner het aan Hosea, en vir hom as 'n priester om met Gomer te trou, openlik bekend as 'n egbreekster, "Die Here het vir my gesê: [Hosea] 'Gaan knoop weer 'n liefdesverhouding aan met 'n vrou wat vir ander mans lief is en egbreuk pleeg,"' (Hosea 3:1). Baie spekuleer of Gomer met 'n ander man getrou het nadat sy Hosea gelos het, maar ek glo die boodskap is dieselfde. Om 'n priester te wees, moes hulle hulself rein hou, indien nie, sou hulle kinders (en nageslagte) besmet wees. Omdat Hosea dit moes geweet het, omdat hy 'n priester was, het hy wetend gegaan teen wat Sy Woord sê en geluister na wat Hy persoonlik vir hom gesê het om te doen.

"Wat van My?"

Liewe, liewe, kosbare mens. Wat ek met jou in hierdie hoofstuk gedeel het, is my eie persoonlike reis om vryheid te vind: vryheid om lief te hê en liefgehê te word, om nie meer te hunker om liefgehê te word deur iemand wat my *miskien* dalk nooit regtig liefgehad het nie. As jy hopeloos en hulpeloos voel nadat jy van my reis gelees het, miskien omdat jy gehoop het dat jou tweede huwelik herstel sal word, moet asseblief nie wanhopig raak nie.

Wanneer die Here met jou praat, wanneer Hy met elkeen van ons persoonlik praat, wat Hy jou geroep het om te doen, sal nooit 'n las wees of sleg eindig nie. Eerstens, sê Hy, "Neem my juk op julle en leer van My, want Ek is **sagmoedig** en nederig van hart, en julle sal rus kry vir julle gemoed. My juk is sag en my las lig" (Matteus 11:29-30). En "Ek weet wat Ek vir julle beplan, sê die Here: voorspoed en nie teenspoed nie; Ek wil vir julle 'n toekoms gee, 'n verwagting!'" (Jeremia 29:11).

God het elkeen van ons geroep om op 'n ander, unieke, enig in sy soort, reis saam met Sy seun, ons beminde Man, te gaan. Dit was nooit die bedoeling om alleen op hierdie reis te gaan nie, want die rede vir hierdie reis, met elke vallei en moeilikheid, is om Sy liefde te ervaar, 'n liefde wat deur ander aanskou word.

Ter aanvulling, die reis wat Hy my geroep het om op te gaan is nie, en sal nooit presies dieselfde wees as joune of enigiemand anders s'n nie. Laat my vir jou 'n voorbeeld gee. Dikwels wanneer ek met vroue praat wie verander is deur Sy liefde, en ek raak die onderwerp oor hul "bediening" aan, sal baie vroue dikwels paniekerig raak en uitblaker dat hulle nie voor 'n klomp mense kan praat nie! Tog het bediening baie dele en soos dit sê en verduidelik word in 1 Korintiërs 12:12-16, "Net soos die liggaam 'n eenheid is en baie lede het, en soos al die lede saam, al is hulle baie, een liggaam vorm . . . Die liggaam bestaan ook nie net uit een lid nie, maar uit baie. As die voet sou sê: "Omdat ek nie 'n hand is nie, is ek nie deel van die liggaam nie," hou hy om dié rede tog nie op om deel van die liggaam te wees nie. En as die oor sou sê: "Omdat ek nie 'n oog is nie, is ek nie deel van die liggaam nie,"

Alhoewel ek nooit wou nie, en nooit kon droom dat Hy my daartoe sou roep nie, het Hy die deure vir my oop gemaak om in die openbaar te praat en ook om te reis. Alhoewel reis jou droom werk mag wees, was reis (voordat Hy my geroep het), iets skrikwekkends vir my. Tog kan ek myself nooit indink dat ek nooit vroue sou ontmoet wie in totaal ander kulture bly, kilometers weg, op wie ek dadelik verlief geraak het en wie my naaste, dierbaarste vriendinne geword het.

Dit, my liewe bruid, is hoekom jou reis en jou toekoms nooit met iemand anders s'n vergelyk moet word nie. Hy het 'n perfekte toekoms vir jou ontwerp, vir elkeen van ons, ontwerp so uniek as wat Hy ons vingerafdrukke geskep het.

As jy huidig herstel soek vir 'n tweede huwelik, moenie laat waar ek op my reis is of wat Hy my gelei het om te doen, jou ontmoedig nie, en moenie 'n poging aanwend om my pad te stap nie. Moet ook nie laat die nagevolge waardeur ek geleef het jou ontmoedig nie. As ek na ander geluister het wat my destyds vertel het dat ek verkeerd was, sou ek nooit 'n bediening of my twee dogters gehad het nie!

Onthou asseblief ook, dit is hoekom ons ander en onsself seermaak wanneer ons in verwondering toekyk wanneer ons vrouens sien wat op 'n sekere manier "voorkom". Soos wanneer ons 'n vrou sien wat lyk asof sy deur haar man bemin en gekoester word en wonder hoekom dit nie so was of is vir ons nie. Ek het hierdie einste ding gedoen net om later uit te vind dat wat op een manier voorgekom het, glad nie die realiteit was nie. En dit is ook hoekom dit gevaarlik is om doktrine te volg wanneer ons ontwerp was om 'noue verhouding met Hom te ontwikkel, sodat Hy ons persoonlik kan lei, want dit is hoe God ons ontwerp het om te wees, saam met ons Man, as Sy bruid wat reis deur hierdie lewe voordat ons Hom van aangesig tot aangesig ontmoet wanneer ons hierdie aarde verlaat.

As ek enigiets geleer het, is dit dat God nie in 'n boks gesit kan word nie, en wanneer ons deur doktrine probeer, sal Hy bonatuurlik uit hierdie beperkende vorm breek en wys ons is verkeerd. Ons het dit in Jesus se lewe aanskou deur Sy wonderwerke, en selfs met wie Hy gekies het om te genees—nie een keer het Hy enigiemand twee keer op dieselfde manier genees nie: partykeer het Hy gepraat, partykeer het Hy gespoeg. Partykeer het wonderwerke onmiddelik gebeur, en een keer het dit Jesus twee keer geneem voordat die blinde man kon sien. Weereens, wat Hy vir ons gewys het is dat ons Hom of Sy krag nooit in 'n boks kan sit nie, of Hom regtig kan verstaan nie. In plaas daarvan het Hy ons ontwerp om daardie pogings en tyd te spandeer om ons harte en lewens na Syne te draai—waar ons vry sal wees van bekommernis, wonder en angstigheid—as Sy liefdevolle bruid, wat ons Bruidegom vir alles vertrou, hand aan hand loop, of as Hy ons dra wanneer dit moeilik word of ons moeg word.

"Vertrou volkome op die Here en moenie op jou eie insigte staatmaak nie. Ken Hom in alles wat jy doen en Hy sal jou die regte pad laat loop." (Spreuke 3:5-6). Hierdie vers beteken dat net deur te "erken" dat Hy daar langs jou is, sonder pleit of bedel of klaagliedere, sal Hy jou langs die reguit pad lei soos wat jy jou toekoms in die gesig staar.

Gepraat van jou toekoms, baie van julle mag dalk nog hoop dat julle eendag kinders sal hê terwyl jy paniekerig toekyk hoe jou biologiese horlosie tik, selfs vinniger as jy nader aan 30 of 40 jaar kom. Maar Hy vra jou nou, "Ek is die Here die God van al die mense. Is iets vir My onmoontlik?" (Jeremia 32:27). Sal jy Hom antwoord, "Ag, Here my God, U het die hemel en die aarde gemaak deur u groot mag. **Niks is vir U onmoontlik nie**" (Jeremia 32:17), of sal jy eerder kies om ineen te krimp in wanhoop of 'n mensgemaakte oplossing soek? As 'n wyser vrou weet ek dat "Alles aan haar spreek van 'n sterk en edel persoonlikheid; sy ken geen kommer oor die toekoms nie" (Spreuke 31:25).

As jou bekommernis is om nie in die toekoms kinders te hê nie, maar jy is eerder in 'n situasie soortgelyk aan myne, kan jy eerlik sê dat selfs al weet jy dat Hy die hemel en aarde geskape het, met Sy groot krag en uitgestrekte arm, dat jou hunkering op hierdie oomblik na 'n aardse man onmoontlik is vir Hom om te hanteer??

So, wat doen jy nou, intussen, terwyl jy in die proses van wag is?

Kosbare mens, onthou die hoofstuk, "Hunker na Wie?" in my eerste boek, *Vind die Oorvloedige Lewe*, toe dit bewyse gegee het dat om agter die Here aan te hardloop sal beteken dat geluk agter jou aanhardloop? Dit is nou meer waar as ooit liewe bruid. Wat ook waar is, is dat sodra jy agter die Here aanhardloop, en Hy jou toelaat om Hom te vang—Sy liefde alles sal verander, alles. Want daar is niemand soos Hy nie, nie in hierdie hele groot wêreld nie.

My liefling, weereens, jou Beminde is op Sy knieë, Hy bied Sy liefde aan en alles wat goed is, terwyl Hy jou om jou hand vra om Sy beminde bruid te word. Dit is my begeerte, my uiteindelike passie en my lewens missie dat jy Hom sal beantwoord met hierdie woorde, sê liefdevol vir Hom . . .

"Die man wat ek liefhet, is myne en ek syne . . .Skaars was ek by hulle verby of ek het hom wat ek liefhet gekry. Ek het hom vasgegryp en hom nie laat los nie . . . sê vir hom **die liefde verteer my**."
—Hooglied 2:16; 3:4; 5:8

Oor die Skrywer

*Michele Michaels het na Restore Ministeries International toe gekom toe sy egskeiding in die gesig gestaar het. Destyds was sy die moeder van twee klein seuntjies. Nadat sy *Hoe God Jou Huwelik Kan en Sal Herstel* en *'n Wyse Vrou* gelees het, het sy begin om Erin Thiele met haar boeke te help, kort na hulle mekaar in Orlando, Florida ontmoet het. Kort nadat Erin Michele in haar huis in Kalifornië besoek het, was haar huwelik herstel.

Byna presies veertien jaar later het Michele weer egskeiding in die gesig gestaar terwyl sy gehelp het om 'n klein Staar Egskeiding in die Gesig boekie op te dateer vir haar kerk. Nadat sy teruggekeer het na RMI om haar geheue te Verfris, het Michele begin besef dat Hy beplan het om hierdie beproewing ten goede te gebruik. Dit was gedurende hierdie nuwe hoofstuk in haar lewe wat Michele die regte rede ontdek het hoekom God nog 'n egskeiding toegelaat het en wat sy gemis het: Die Oorvloedige Lewe wat sy nou leef.

Michele se boek *Leef die Oorvloedige Lewe* is beskikbaar by **EncouragingBookstore.com** en ook op **Amazon.com**.

Ook, as jy die vryheid gevind het om jou Man te bemin en bemin te word deur jou Man, deur hierdie boek te lees, maak seker jy lees Michele se volgende boeke: *Breek vry van **Die Armoede Mentaliteit** en **Versit Berge**, beskikbaar by dieselfde boekhandelaars.

Kyk wat is Ook Beskikbaar
in EncouragingBookstore.com & Amazon.com

Skandeer die kode hieronder na die beskikbare boeke vir ons Oorvloedige Lewe, Herstelde, en Deur die Woord van Hul Getuienis reeks.

Besoek asseblief ons Webwerwe waar jy ook hierdie boeke as GRATIS Kursusse vir mans en vroue sal vind.

Wil jy meer weet oor hoe jy 'n Oorvloedige Lewe kan leef?

Herstel Ministries Internasionaal
POB 830 Ozark, MO 65721 USA

Vir meer hulp
Besoek asseblief een van ons Webwerwe:

UiteindelikHoop.com

EncouragingWomen.org

HopeAtLast.com

LoveAtLast.org

RestoreMinistries.net

RMIEW.com

Aidemaritale.com (Frans)

AjudaMatrimonial.com (Portugees)

AmoreSenzaFine.com (Italiaans)

AyudaMatrimonial.com (Spaans)

Eeuwigdurendeliefde-nl.com (Nederlands)

EternalLove-jp.com (Japannese)

EvliliginiKurtar.com (Turks)

Pag-asa.org (Filippynse Tagalog)

Wiecznamilosc.com (Pools)

ZachranaManzelstva.com (Slowaaks)

EncouragingMen.org